말이상의말
글이상의글

책 읽는 즐거움

김정화 리뷰 에세이

김정화 리뷰 에세이

말 이상의 말, 글 이상의 글

초판 1쇄 발행 2022년 11월 25일
초판 2쇄 발행 2023년 02월 24일

지은이 김정화
발행인 서정환
펴낸곳 수필과비평사
주소 서울시 종로구 삼일대로 32길 36(익선동 30-6 운현신화타워) 305호
전화 (02) 3675-3885, (063) 275-4000・0484
팩스 (063) 274-3131
이메일 essay321@hanmail.net
출판등록 제300-2013-133호
인쇄・제본 신아출판사

저작권자 ⓒ 2022, 김정화
이 책의 저작권은 저자에게 있습니다. 서면에 의한 저자의 허락없이 내용의 일부를
인용하거나 발췌하는 것을 금합니다.
COPYRIGHT ⓒ 2022, by Kim Jungwha
All rights reserved including the rights of reproduction in whole or in part in any form.
저자와 협의, 인지는 생략합니다.
잘못된 책은 바꿔 드립니다.

ISBN 979-11-5933-442-9 (03810)

값 15,000원

Printed in KOREA

※ 이 도서는 2022년도 한국문화예술위원회 아르코문학창작기금(발간지원)
사업에 선정되어 발간되었습니다.

말이상의 말
글이상의 글

책 읽는 즐거움

김정화 리뷰 에세이

수필과비평사

작가의 말

　오래된 집을 고치면서 베란다를 넓혔다. 장자산 자락이 코앞에 있어서 사시절 바뀌는 산 풍경과 같이하고 싶었다. 바닥을 깔고 벽지를 바르고 커튼을 걷어낸 채 무늿결 없는 맑은 창으로 바꾸어 달았다. 원목 식탁을 책상처럼 가운데 놓고 등을 달고 나무 의자와 일인용 독서 소파를 한컨에 두었더니 제법 근사한 북카페가 만들어졌다. 드디어 어느 문필가가 외친 '이 세상의 소리가 들리지 않는 골방' 하나 가지게 된 것이다.
　유리문 너머로 지척의 숲이 계절색을 펼쳐내었고, 새소리 빗소리 바람 소리가 귀를 씻어주었다. 낮도 아니며 밤도 아닌 시간이 흐르고, 안도 아니고 밖도 아닌 공간이 드러났으며, 홀로 있어도 혼자가 아닌 내가 존재하게 되었다. 나는 요즈음 이곳에서 책을 읽고 밥을 먹고 글을 쓴다. 아, 어떤 때는 가만히 앉아서 아무것도 하지 않는다. 그리하여 오랫동안 갇혀 있던 '거미집'의 환영에서 벗어나 오롯이 '자기만의 방'에 안착하기를 염원한다.
　≪말 이상의 말, 글 이상의 글≫을 '리뷰 에세이'라는 타이틀을 붙여 펴낸다. 리뷰와 수필의 혼성으로써, 기존 북 리뷰들과는 조금 다른 방향으로 또한 지금까지 쓴 수필과는 약간 다른 방법을 시도해 보았다.

그동안 읽은 책을 통해 글감을 잡았지만 추천 도서를 전면에 드러내지 않은 글도 많다. 한 편의 글 속에 한두 줄의 서사만 두드러진 것도 있고, 감성만 녹여 전체를 감싼 내용도 있을 것이다. 물론 특정 장르를 고수하지도 않았다. 숲이 보이는 베란다에서 내가 읽은 책들은 모두 명문장이고 명해석이며 작가들 역시 내가 도달할 수 없는 초인의 의식 체계를 갖추었다.

그러므로 나는 이 위대한 작가들의 글을 나의 깜냥만큼만 해석해 낼 것이고, 나의 경험만큼만 소회를 풀어낼 수밖에 없다. 그러니 이 책도, 틀에 갇히는 것을 싫어하나 너무 멀리 뛸 용기도 없는 나의 어정쩡한 성정을 닮은 글이 되어 버렸다. 나아가 빛나는 문호들의 책을 더 소개하려 했으나, 태만한 독서 탓에 아직 읽기를 마치지 못한 서책들만 우북수북 널브러졌다. 때로는 읽지 않은 책에서도 포만감을 느끼는 우를 범하니 이것도 저 창밖 풍경 때문이라고 해두자.

그럼에도 불구하고 나는 계속 읽고 쓰면서 점점 '내'가 되어갈 것이다. 이번 '리뷰 에세이'가 독자들의 가슴에도 문학의 불씨를 댕겨 책 권하는 도화선이 되길 희망한다.

2022년 겨울
김정화

차례

작가의 말 • 4

제1부

동백길을 걷다 • 12
- 뒤마 피스 ≪춘희≫

말 이상의 말, 글 이상의 글 • 18
- 막스 피카르트 ≪침묵의 세계≫

아지트, 그곳 • 23
- 장유정 ≪다방과 카페 모던보이의 아지트≫

안달루시아의 두엔데 • 28
- 페데리코 가르시아 로르카 ≪인상과 풍경≫

등대, 침묵으로 서다 • 33
- 주강현 ≪등대의 세계사≫

비를 위한 송가頌歌 • 38
- 마르탱 파주 ≪비는 우리가 사랑에 빠지는 것처럼 내린다≫

'적막의 블루스'가 흘러나오고 • 43
- 구활 ≪문득 그대≫

코다리라는 이름 석 자 • 48
- 황선도 ≪우리가 사랑한 비린내≫

아무것도 아닌 자가 되어 • 52
- 김영순 ≪인문학을 걷다, 호주 울루루≫

제2부

시간의 껍질을 벗겨라 • 60
- 보르헤스 ≪만리장성과 책들≫

풍자와 익살의 문장으로 • 65
- 정호경 ≪해 저문 날의 독백≫

판옥선을 타고 • 70
- 김재근 ≪한국의 배≫

공간 속의 장소, 장소 너머 공간 • 77
- 이-푸 투안 ≪공간과 장소≫

끝물 참외 • 82
- 김서령 ≪참외는 참 외롭다≫

편견을 버리면 사람이 보인다 • 86
- 올리버 색스 ≪아내를 모자로 착각한 남자≫

유쾌한 기행에 대취하다 • 91
- 변영로 ≪명정사십년酩酊四十年≫

손가락 언어, 꽃으로 피다 • 96
- 신진련 ≪오늘을 경매하다≫

고독해도 고독하지 않은 • 103
- 김열규 ≪산에 마음 기대고 바다에 영혼 맡기면≫

해변열차는 달리고 • 107
- 천양희 ≪한 사람을 나보다 더 사랑한 적 있는가≫

제3부

상상을 상상하다 • 116
- 가스통 바슐라르 《물과 꿈》

사전을 읽다 • 121
- 말모이 편찬위원회 《말모이》

무한한 질문과 대답 • 125
- 이진경 《철학과 굴뚝청소부》

이것이 있으므로 저것이 있게 되고 • 130
- 김애자 《점은 생명이다》

이름을 부른다는 것은 • 135
- 박준 《당신의 이름을 지어다가 며칠은 먹었다》

지금, 여기에 있는 유토피아 • 138
- 미셸 푸코 《헤테로토피아》

지뢰를 밟다 • 143
- 조너선 로젠봄 《에센셜 시네마》

미스 에세이 • 147
- 김정화 《미스 에세이》

오직 장미꽃 한 다발 • 156
- 김영민 《아침에는 죽음을 생각하는 것이 좋다》

영원한 노스텔지어, 바다 • 160
- 김동규 《바다의 기억》

제4부

깊은 헌신으로 • 166
- 데이비드 호킨스 ≪내 안의 참나를 만나다≫

왕국인가, 암흑의 나락인가 • 171
- 자크 모노 ≪우연과 필연≫

두려움이란 땅에 묻어라 • 176
- 세르반테스 ≪돈키호테≫

멈춤으로써 비로소 되돌아보는 • 182
- 유병근 ≪이런 핑계≫

바람을 읽다 • 187
- 무라카미 하루키 ≪바람의 노래를 들어라≫

시로 부르는 노래, 혹은 뜨거운 연서 • 191
- 이향영 ≪세븐스타, 그대들을 위하여≫

자유, 그 불멸의 이름 • 197
- 카잔차키스 ≪그리스인 조르바≫

삶에 지칠 때는 시장으로 • 200
- 이명랑 ≪삼오식당≫

글이 안 써지는 백 가지 이유 • 206
- 김영하 ≪말하다≫

거미집 • 210
- 이탈로 칼비노 ≪거미집으로 가는 오솔길≫

제1부

- 동백길을 걷다
  - 뒤마 피스 《춘희》

- 말 이상의 말, 글 이상의 글
  - 막스 피카르트 《침묵의 세계》

- 아지트, 그곳
  - 장유정 《다방과 카페 모던보이의 아지트》

- 안달루시아의 두엔데
  - 페데리코 가르시아 로르카 《인상과 풍경》

- 등대, 침묵으로 서다
  - 주강현 《등대의 세계사》

- 비를 위한 송가頌歌
  - 마르탱 파주 《비는 우리가 사랑에 빠지는 것처럼 내린다》

- '적막의 블루스'가 흘러나오고
  - 구활 《문득 그대》

- 코다리라는 이름 석 자
  - 황선도 《우리가 사랑한 비린내》

- 아무것도 아닌 자가 되어
  - 김영순 《인문학을 걷다, 호주 울루루》

동백길을 걷다

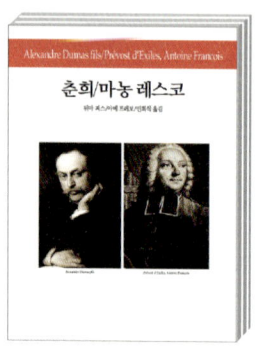

≪춘희≫
뒤마 피스 | 동서문화사 | 2012

바야흐로 봄날이 돌아왔다. 향기로 소리로 색으로 바람으로 나무를 흔들고 숲을 깨우고 흙을 뒤집는다. 이럴 때는 겨우내 움츠렸던 사람도 어깨를 펴고 아물거리는 봄빛 속으로 걸어 들어가 볼 일이다. 갈대 풋청이 돋는 강 하구로 향하든지 진달래가 들불처럼 번져나갈 산마루 능선길을 오르든가 알싸한 매향으로 물든 철길마을을 휘돌아오든지. 봄은 눈으로만 맞이할 것이 아니라 온몸을 거쳐 폐부 깊숙이 받아들여야 한다. 그래야만 무더졌던 감각을 조금이나마 소생시킬 수 있을 테니까.

오늘은 동백이 봄을 당긴다. 그렇다면 가까운 동백길을 걸어보기로 한다. 봄 동백이라면 여수 오동도와 고창 선운사나 거제

지심도와 강진 백련사 숲과 제주 위미리의 동백꽃 군락지가 유명하다지만, 내가 최고로 꼽는 길은 부산 이기대 동백길이다. 오륙도를 먼저 둘러서 올 때는 장자산을 향하는 사잇길을 끼고 오리나무 군락지를 돌아 솔숲이 보이는 바닷길을 따라가면 된다. 머지않아 고개를 올려다보면 산비탈을 둘러싼 왼쪽으로 울울창창 동백나무 숲길이 펼쳐진다.

산도 바다도 나무도 동백에게 몸을 기운다. 꽃지고 잎 떨어진 겨울부터 몽우리를 터트리고, 눈 속에서도 의연히 피워올리니 동백冬柏이라는 고결한 이름자를 얻었다. 이기대 동백은 입동 전후부터 꽃 문을 여는 애기동백을 시작으로 춘백春柏은 곡우 즈음에 절정을 이룬다. 피고 지는 생을 따라 오월에 피는 늦동백까지 눈에 담게 된다면 일 년의 절반 이상을 동백과 동행할 수 있다. 더군다나 동백은 두 번 피는 꽃이라 지칭하니 진짜 개화는 땅에서부터 시작이다. 그런데 이곳 동백은 풀썩, 하고 보드라운 흙 위에 순연히 낙화하는 것이 아니라, 도로 가장자리의 차가운 시멘트 바닥으로 일순간 추락한다. 그러나 동백이 떨어졌다고 결코 진 것은 아니다. 차가운 바다에서도 절명하지 않고 되살아난다. 다시 피는 땅 동백을 보아야 이곳의 동백을 제대로 보았다고 할 수 있겠다. 순절한 꽃은 열흘이 지나고 한 달이 넘도록 핏빛 목숨을 지켜내다가 거뭇거뭇 몸피를 말려 풍장에 들고 만다. 봄장마라도 드는 날은 흙물을 끼얹고 스스로 수장에 드는 운명을 감내해야 한다. 동백의 종심까지 지켜본 사람이라면 생이란 눈물 나게 아름다운 일이라는 것을 깨닫게 될 것이다.

 동백 꽃길을 걸으면 누구인들 '동백아가씨'나 '모란 동백' 한 곡 흥얼거리지 않는 이가 있을까. 시인이 아니라도 동백 시 한 소절쯤 읊지 않고 배길 사람 또한 있을까. 그러고 보니 참으로 많은 문인이 동백 앞에서 펜을 들었다. 동백 진 것을 두고도 대가리째 뚝 뚝 떨어져 낭자하다며 청춘을 빗대거나, 붉은 천둥소리라고 정신을 깨웠으며, 붉은 치마를 벗는다며 관능미를 보이거나, 뜨거운 술에 붉은 독약 타서 마시고 천 길 절벽 위로 뛰어내리는 사랑이라고 노래했다. 물론 "동백아, 이제 그만 나무에서 내려오려무나. 꽃으로 돌아가자."고 역설한 시인도 있지만, "절정에 도달한 그 꽃은, 백제가 무너지듯이, 절정에서 문득 추락해버린다."라고 한 김훈의 문장 앞에서는 엄숙하다 못해 장엄하고 비장해지기까지 한다.

 마치 너는 저렇게 온몸을 던질 정도로 투신한 적이 있느냐고 되묻는 것만 같다. 젊은 날의 무모한 패기와 순수했던 열정은 다 어디로 갔을까. '누구보다 그대를 사랑해요.'라는 꽃말처럼 화려했던 사랑도 절절했던 사람도 다 지나갔다. 추락의 상처가 깊은 자들이라면 눈물 흥건한 동백꽃 위를 함부로 밟지 않으리. 성공보다 실패가 많았던 삶도 동백의 처연한 낙화 앞에서는 위로를 받고 돌아간다.

 그늘진 동백 군락 앞에서 쉬어가기로 한다. 볕이 들지 않으니 꽃은 보이지 않고 고고청청한 푸른 잎들만 한껏 부풀어 있다. 그런데 자세히 속을 들여다보니 기특하게도 봉곳봉곳한 꽃망울들을 물고 있다. 심지어 어린 동백과 늙은 동백과 병든 동백과 죽은 동백까지 보듬고 있다. 그들도 식구가 되어 서로가 서로를 다독이고 품어준다. 도대체 무슨 운명을 타고났기에 볕 드는 좋은 날들을 두고 귀쌈을 후리는 뼈 시린 날부터 몸 풀고 세상에 나왔는지. 첫 꽃에서 끝 꽃까지 너볏하게 피워올릴 동백나무의 결기가 꼿꼿하다. 지천으로 흔한 벚나무에도 기웃거리지 않고 쭈볏이 솟은 산철쭉이나 드문드문 피어오른 귀한 매화목과도 몸을 섞지 않는다. 그 고결한 정심에 진실로 탄복한다.

홑동백을 마주하면 왠지 눈물겹다. 겹동백이 화려하고 번잡스럽다면 홑동백은 여리고 단아하고 소박하기 그지없다. 하기야 겹동백이든 홑동백이든 색이 짙든 옅든 붉거나 희거나 희멀겋거나 얼룩 동백이거나 꽃송이마다 제각각 사연이 숨어있다. 아픈 생을 버텨내지 못하고 저들은 왜 모두 한결같이 뛰어내리기로 작정했는가 말이다. 매일매일 절벽 앞에 서야 하는 삶은 얼마나 가혹한가. 잎으로 붉은 볼을 가린 것도 칼바람에 온몸을 떠는 것도 운명을 받아들여야 하는 고통 때문일까.

그래서 외로운 사람일수록 동백을 사랑한다. 다산 선생이 강진 유배 시절 동백을 선춘화先春花라 여기며 끔찍이 아낀 일화도 있고, 남도 시인 김영랑이 조선 최고의 춤꾼 최승희를 사랑하였으나 이루지 못해 자살하려고 목을 맨 나무도 바로 동백나무이다. 그리고 오페라 '라 트라비아타'의 원작이 우리나라에서는 ≪춘희≫로

번역된 ≪동백꽃 아가씨≫라는 것도 이미 아는 사실이다. 원작자 뒤마 피스가 실제 자신이 사귀었던 파리의 창부 마르그리트와의 절절한 사랑을 그려내었다. 환락가에서 동백꽃처럼 핀 비운의 여성인 마르그리트의 파란만장한 삶을 그냥 지나칠 수 없었을까. 소설을 읽고 그 동백 이미지를 옮겨온 자가 바로 전설적인 디자이너 코코 샤넬이겠다. 샤넬을 대표하는 중요 심벌인 동백은 그녀가 가장 사랑했던 꽃이다. 샤넬의 포장뿐만이 아니라 가방과 의류와 신발, 보석과 시계와 스카프에 이르기까지 거의 모든 샤넬 제품에는 동백꽃의 모티프가 담겨 있다. 샤넬이 생전에 무취의 흰동백을 사랑하여 옷과 머리에 달고 다니길 즐긴 것도, 어쩌면 그녀의 불운한 과거와 슬픈 사랑을 동백의 강건함으로 덮고 싶었기 때문인지도 모르겠다.

봄 추위가 휘몰아친 탓인지 군데군데 꽃송이가 얼어버렸다. 이를 두고 사람들은 개화가 잠시 멈추어 있다고 했다. 꽃도 피다가 멈춘다는 사실이 새삼 놀랍다. 요즘 들어 멈춘다는 것, 그대로 있다는 것은 한 번도 생각해본 적이 없다. 그것은 정지하는 것이며 무너지는 일이므로 무조건 앞으로만 나아가야 한다고 믿었다. 그러나 멈춘다는 것은 뒤돌아보는 것이며 기다려주는 일이라는 것을 뒤늦게서야 동백에게 배운다.

이런저런 상념에 젖는 동안 동백길의 내리막에 이르렀다. 올해는 예년보다 개화가 늦어졌기 때문에 아마도 더 늦게까지 동백꽃을 볼 수 있을 것이다. 동백나무가 푸르든 붉든, 동백길을 한 바퀴 걷고 나면 온몸에 붉은 물이 들 것만 같다. 뒤돌아보니 벌겋게 달아오른 언덕길을 어둠살이 조용히 식혀내고 있다.

말 이상의 말, 글 이상의 글

≪침묵의 세계≫

막스 피카르트 | 까치 | 2001

봄은 침묵으로부터 온다. 또한 그 침묵으로부터 겨울이 그리고 여름과 가을이 온다. 봄의 어느 아침, 꽃들을 가득 달고 벚나무가 서 있다. 하얀 꽃들은 그 가지에서 나온 것이 아니라 침묵의 체에서 떨어져나온 것 같다. 아무 소리도 들리지 않게 그 꽃들은 침묵을 따라서 미끄러져 내려왔고, 그래서 하얀 빛이 되었다. 새들이 그 나무에서 노래했다. 마치 침묵이 그 마지막 남은 소리들을 흔들어 떨쳐버리기라도 한 듯이 그 침묵의 음音들을 쪼아올리는 것이 새들의 노래인 것 같았다.

― 〈시간과 침묵〉 일부

봄이 깨어난다. 부푼 벚나무 가지 사이로 햇살이 튀고 흙바람이 구른다. 단단하던 땅도 품을 열어 햇풀을 받아들인다. 이 거룩한 봄은 도대체 어디로부터 오는 것일까. 글 쓰는 이들은 저마다 봄의 근원을 찾으려 눈 뜨고 귀 기울인다. 좀개구리밥의 겨울눈과 봄까치꽃의 푸른 꽃불 곁을 살피고, 갈대청 부딪는 기척이나 강물 풀리는 소리 곁으로 다가선다. 그러나 다 틀렸다. 막스 피카르트는 침묵이 계절의 변화를 가져다준다고 말한다. 상상해보라, 나무가 꽃을 해산하기까지 그 결박의 시간을. 침묵이 봄을 키워냈으니 침묵의 체에서 봄꽃들이 켜켜이 떨어져나온 것은 자명한 일. 그래서 생명을 터트린 어미 나무를 위해서 새들도 침묵의 음音들을 쪼아 올리어 비로소 노래하는 것이다.

내게 봄에 관한 최고의 문장을 꼽으라고 하면 한 치의 주저 없이 피카르트의 글이라고 답한다. 감히 단언컨대 지금까지 '침묵의 봄'만큼 가슴 뛰게 한 표현은 없었다. ≪침묵의 세계≫를 읽다 보면 스스로의 내면을 들여다보는 시간을 갖게 된다. 한 문장 한 문장이 경구이며 잠언이다. 경망스럽던 마음도 바삭 당겨지고, 싱겁던 일상도 굳건히 세워 올리게 되어 삶이 무량하게 경건해진다.

침묵은 실로 위대하다. 그의 말대로 침묵이 계절을 탄생시키고, 침묵이 인간을 관찰하며, 침묵이 말을 완성시킨다. 피카르트의 침묵을 처음 대하는 독자는 그가 침묵에 대해서만 오롯이 찬양하리라는 선입견을 가질 수 있다. 하지만 천만의 말씀이다. 인간이 말을 하지 않고 사는 일은 견디기 어렵다. 그러므로 침묵이 말에서

분해되지 않았으며 말과 대립되는 것은 더더욱 아니라고 밝힌다. 말과 침묵은 서로 독립되었으며 다시 일체를 이룬다. 나아가 침묵은 말과 마찬가지로 인간을 형성하지만, 오히려 말이 진정한 인간을 만든다는 점을 언급한다. 다만 강요된 침묵이 아닌 자발적이고 능동적인 침묵이어야 하며 정신과 결합시킬 수 있을 때 빛이 나게 되는 법. 대상의 본질을 꿰뚫을 수 있는 것이 침묵의 힘임을 강조한다.

말의 세계가 허공의 세계라면 침묵의 세계는 바닥이 된다. 허공을 잡는 어름사니를 위해 그물망이 발아래 드리워진다면 헛발을 짚더라도 외줄 인생이 좀 더 든든해질 수 있겠다. 말의 배경이 침묵이 된다는 것을 기억할 일이다. 그러니 언어에서 침묵을 상실한다면 얼마나 교만하고 불손하며 무질서한 소음이 될까.

때때로 침묵이 하루의 전부가 되는 날도 있다. 그동안 얼마나 많은 말을 했던가. 침묵 속에서 사랑이 가장 멀리까지 뻗어나갈 수 있다는 문장에 밑줄을 긋는다. "침묵할 때에 사랑하기가 훨씬 더 쉽다."고 한 피카르트를 먼저 읽었더라면 나의 젊었던 사랑도 성공할 수 있었을까. 경솔한 입말로 상대를 찌르거나 왜곡된 언어로 경계 짓지 않았을는지도 모르겠다. 활을 너무 세게 당기면 부러지듯이 말의 속도도 침묵을 곁들여 조절할 수 있었을 텐데. 하지만 지난날들은 흘러갔고 이제는 내가 쓰는 문장에 침묵을 남기려 애를 쓴다. 다 말하지 말 것. 군더더기를 덜어내는 일에 집중할 것.

피카르트의 침묵에 공감한다면 필립 그로닝의 다큐멘터리 영화

'위대한 침묵'을 떠올리지 않을 수 없다. 이미 많은 이들이 보았겠지만 해발 1,300m 알프스 깊은 산맥에 뿌리를 내린 카르투시오 봉쇄 수도원 일상을 담아내었다. 침묵 속에서 하루가 깨어나고 침묵 속에서도 계절이 바뀌듯 영화는 시종 말이 없다. 필름은 마치 정물처럼 162분의 상영 시간 대부분이 침묵으로 흘러간다. 펜으로 글 쓰는 소리나 수도사들의 기침 소리 위로 가끔씩 들리는 수도원의 종소리가 청각을 메운다. 집중을 하게 되면 어느 순간부터 수도복을 재단하는 가위질 소리나 빗방울이 풀잎 위에 떨어지는 소리마저도 놀라울 정도로 크게 들리기 시작한다. 그때쯤 '언어가 사라진 뒤에야, 우리는 비로소 보기 시작한다.'라는 스틸컷의 글귀가 영상 위로 겹쳐지게 된다. 말을 줄이면 상대의 마음이 돋보이는 것처럼.

생각해보면 침묵에도 빛이 있고 언어가 있다. 말하지 않아도 지천으로 말하는 풀과 나무와 강물이 있다. 빈집에 돋아난 부추꽃이나 바위틈을 딛고 견뎌낸 늙은 소나무가 그러하고 바닥을 드러내는 여름 강이 말을 건넨다. 반면에 넘치는 인간의 말들이 얼마나 일상을 흩트리기도 하는가.

재미있는 일은 피카르트가 이 글을 쓴 제2차 세계대전 직후만 해도 라디오는 소통의 새로운 매체였다. 당시 그는 라디오의 기계음이 인간의 사유를 방해하고 내면을 지배한다고 생각했으며, 그러한 기계음을 들끓는 벌레 떼에 비유하며 '잡음어雜音語'라 명명했다. 잡음어는 침묵의 존재를 잊어버리게 만듦으로써 인간은 침묵을 잃어버렸다는 사실조차도 깨닫지 못한다고 통탄하였다. 그가 우려했듯이 이전에 침묵이 놓인 자리에도 이제는 사물들로 빼곡하다. 만일 그가 스마트폰과 태블릿 PC를 끼고 사는 현대인의 삶을 엿본다면 뭐라고 할까. 쉴 새 없이 쏟아지는 카톡 문자 소리에 어떤 이름을 붙일지.

  소음이 만연한 이 시대에 피카르트의 침묵을 제대로 해독해내기란 실로 힘든 일이다. 아마 평생을 읽어도 이 책의 완독은 어려울 것이다. 침묵은 추방당했다는 그의 말, 가만히 되돌아봐야 할 구절이다.

아지트, 그곳

≪다방과 카페 모던보이의
아지트≫
장유정 | 출판살림 | 2008

하늘이 내려앉은 강물을 본다. 파랑과 파랑이 섞인 물살 위에 봄빛이 더해진다. 갈대밭 사이로 벚나무 그림자가 몸을 내리니 살찐 물오리도 갈대청을 비집고 제자리를 찾는다. 불과 한 계절 전만 하더라도 물고기 등뼈 같은 얼음 띠가 강섶 사이로 히옇게 드리워졌건만 어느새 제 몸 흥건히 풀어 새 풀 돋는 강둑을 적셔낸다. 나는 꿈결같이 일렁이는 봄 물살을 내려다보면서 강물도 오래 흐르면 순하고 부드러워진다는 사실을 깨닫는다.

이곳 둔치도는 서부산 끝의 작고 조용한 섬마을로서 아직도 갈대 무성한 자연 풍광이 남아 있다. 백 년 전에는 진펄땅인 무인도였으나 육지와 연결된 다리를 놓으면서 사람이 정착하게 되었다. 드문드문 자리 잡은 민가를 제외하고는 널따랗게 논이 펼쳐졌고 몇 군데 가물치 양식장과 한산한 낚시터가 보인다. 그러나 매화목이 섞인 벚나무 가로수를 따라 섬을 한 바퀴 돌 수 있는 둘레길이 나 있으므로 걸어도 좋고 쉬어도 그만이다. 무엇보다 강변에는 사시절 물오리가 뒤뚱거리고 있고 운이 좋으면 초여름에 개개비 울음소리를 들을 수 있으며 겨울날 원앙과 재두루미와 황조롱이도 마주칠 수 있다. 심지어 전선에 앉은 까마귀도 도시 사람들의 인기척 따위는 아랑곳하지 않는다.

사람은 저마다의 결에 맞는 장소가 있다. 사람과 사람 사이에도 서로 끌리는 사람이 있듯이 장소 또한 저물도록 오래 머무르고 싶은 곳이 있다. 스스로 발걸음을 멈출 수 있는 곳, 공허한 마음을 내려놓을 수 있는 자리, 아무것도 하지 않아도 되는 공간, 자신만의 휴식처, 나만의 세계, 나의 우주를 누구나 꿈꾼다.

이러한 근거지를 우리는 아지트라고 부른다. 비밀 결사나 공작원들의 작전 수행처가 아니더라도 자주 머무르거나 즐겨 찾는 장소를 은유적으로 일컫는다. 현대인들은 단순히 몸을 숨기는 것을 넘어 정신의 은신처를 찾고 싶어 한다. 그곳이 어디이든 아지트의 가장 큰 특징은 바로 내가 선택할 수 있다는 점이다. 카페, 술집, 영화관, 다락방, 미술관 또는 공터, 정자, 나무 밑, 너럭바위, 강변, 자동차 속 등. 그 은밀한 장소에서 우리는 계획하고 음모하고 꿈을 꾸고 상상하며 온전히 자신만의 시간을 가진다.

특히 글쟁이들이라면 훗날 현대문학사에 길이 남을 만한 아지트들을 두루 거쳤으리라. 옛 문인들은 ≪다방과 카페 모던보이의 아지트≫에서처럼 담배 연기 자욱한 술집과 다방에서 사회와 철학과 실존에 대해 분노하고 사유하고 고민하였다. 아지트에 모인 시인 묵객들은 "오후 2시, 일을 가지지 못한 사람들이 그곳 등의 자에 앉아 차를 마시고, 담배를 태우고, 이야기를 하고, 또 레코드를 들었다."라는 〈구보씨의 일일〉 속 풍경처럼 마주 앉아서 술과 사랑과 문학에 대한 화두를 불태웠을 것이다. 그렇지 않으면 낡은 소파나 나무 의자에 등을 구부리고서 독작獨酌의 풍모를 지키든가, 쓴 커피잔을 놓고 줄담배를 태우면서 밤을 지새우며 개똥철학을 늘어놓았는지도 모른다.

마음에 드는 아지트를 발견하기도 쉽지 않지만, 어렵게 찾았다면 가능한 한 혼자서 가야 한다. 그래야만 마음속에 웅크린 치명적인 상처와 마주할 용기가 생기니까. 달래고 다독이며 추스를 수 있는 나만의 시간이 필요하니까. 내가 맨 처음 둔치도에 온 날을 떠올린다. 그때는 지금처럼 운전도 하지 않았고, 또 꽃향기 은은한 예가체프 커피를 내려오는 사치를 부리지도 못했다. 마음도 몸도 가난하기 이를 데 없던 시절에는 북적이는 도시가 싫었다. 무시로 이 한적한 섬에 들러 강 건너 들판 너머 보이는 고향 마을을 오랫동안 눈에 담았다. 그때마다 내 생애 가장 따뜻했던 외딴집의 환영이 살구색 등불처럼 흔들렸다.

생각해보면 아지트라는 것이 나만의 아지트도 있고 우리들의 아지트도 있었다. 박 선생과의 아지트는 오래된 홍탁집이었다.

막걸리 한 되와 홍어 한 접시면 되었다. 손끝 야문 여주인은 냉장고 안에서 콩나물을 기르고 있었는데 나는 아삭하고 꼬숩은 콩나물 대가리를 토독토독 씹는 맛에 그 집을 좋아했고, 내가 가면 늘 통통한 콩나물이 덤으로 얹어져 푸짐했다. 김 작가와는 시선대 언덕 밑의 '숙이네'라는 오리 집을 다녔다. 그곳 평상에 앉아 오륙도 바다를 하염없이 바라보는 것이 좋았다. 주인 할머니는 마치 객지에서 온 자식을 대하는 듯 살가웠고 남새밭에서 키운 푸성귀와 쿰쿰한 시골 된장국을 인정 넘치게 담아주었다. 그러나 한때의 장소는 언제부턴가 사라졌고 옛 기억은 덧없이 희미해져 버렸다.

 둔치도의 강바람이 물기를 머금고 불어온다. 황톳길의 풋흙을 밟을 때마다 '흙내가 고소하다.'라는 옛말이 저절로 생각난다. 프랑스인들은 나무가 있고 책방이 있는 센 강변이 세상에서 가장 아름답다고 하고, 서울 사람들은 화려한 조명으로 수놓은 한강의 야경을 으뜸으로 치지만, 지금 봄바람 흩날리는 둔치도의 보드라운 강물 풍경만 할까. 해쑥 돋은 둑길을 따라 걷다가 낚시꾼의 찌 놀림에 발을 멈춘다. 그러다 문득 나를 앞지르는 물살을 향해 손짓하며 큰 소리로 부르면 강물은 굽이돌다 황급히 뒤돌아볼 것만 같다.

 이곳에 오면 생명 아닌 것이 없다. 길도 꿈틀대고 들판도 일렁이며 내리는 비와 흩어지는 달빛도 툭툭 몸을 건드린다. 그러니 기계음은 모두 소음이 되므로 자동차의 라디오 음악은 끄고 손전화는 무음으로 돌려야 한다. 휴대폰 카메라 셔터 소리에도 놀란 물때까치가 부들 수초를 털고 날아갈 수 있으니 각별히 조심할 일이다. 오직 바람 소리로 귀를 씻고 푸른 강물로 눈을 닦고 순한 공기로 탁한 마음을 쓸어내야 한다. 그러므로 둔치도 강변에 앉아서 둑을 허물어버릴 만큼 눈물을 쏟아내고 간다 한들 흉이 되지 않을 것이다.

강을 둘러싼 인근 마을 이름들도 둔치도 풍경만큼이나 정겹다. 새알처럼 생긴 '알개섬'과 녹두같이 작은 섬인 녹도에서 유래한 '녹산'과 지평선 끝자락에 종소리가 나는 섬이라는 '명지도鳴旨島'가 있고, 그 아랫동네 논길 옆에 샛강이 생겼다고 해서 '새내'가 된 내 고향 마을도 있다. 그리고 무엇보다 여기, 물가의 언덕이란 뜻의 '둔치'라는 이름이 얼마나 살갑고 다감한가. 기댈 언덕이 있다는 것은 마치 기댈 사람이 있는 것과 다르지 않다. 언제나 그 자리에서 기다려주는 둔치도가 있다는 사실은 패잔병처럼 처져있는 나를 든든하게 만들어 준다. 그래서 노을 지는 강가에 앉으면 돌아갈 시간조차 까무룩 잊게 되는 것이다.

안달루시아의 두엔데

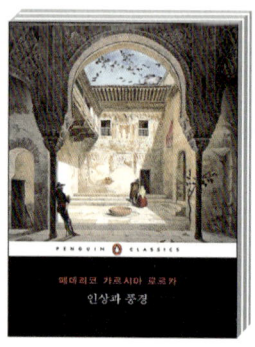

≪인상과 풍경≫
페데리코 가르시아 로르카 |
펭귄클래식 코리아 | 2008

페데리코 가르시아 로르카를 처음 만난 것은 그의 산문보다 〈오후 다섯 시에〉라는 시가 먼저였다. "오후 다섯 시에/ 정각 오후 다섯 시에/ 한 소년이 참회자의 흰옷을 샀네/ 오후 다섯 시에/ 한 바구니의 석회는 이미 준비되었다네/ 오후 다섯 시에/ 나머지는 죽음 그리고 죽음뿐이네/ 오후 다섯 시에"로 시작하는 이 시는 친구인 투우사 메히아스가 경기 도중 쇠뿔에 받혀 죽어버리자 저미는 슬픔을 가슴에 묻은 글이다. 오후 다섯 시에 느끼는 고통, 오후 다섯 시에 느끼는 비애, 오후 다섯 시에 느끼는 절망. 죽은 이의 시간을 기억한다는 것은 얼마나 비참한 일인가.

로르카의 흑백 사진을 오랫동안 들여다본다. 검은 머리에 갸름

한 턱, 그을린 살결, 누군가 그의 목소리가 '청동의 목소리'였다고 회고한 글도 읽은 적이 있다. 반듯한 이마와 짙은 눈썹, 허무하면서도 강렬하고 싸늘하면서도 뜨겁게 되쏘는 눈빛. 그 깊은 시선으로 스승과 함께 스페인의 안달루시아, 카스티야, 갈리시아 일대를 여행하면서 쓴 산문이 바로 ≪인상과 풍경≫이다. 스페인의 태양만큼이나 청년의 패기가 넘칠 듯도 하건만, 그의 글에는 우수와 고독과 적막과 슬픔이 고여서 쉽게 읽어내릴 수가 없다. 도저히 스무 살 때 썼다고 믿기 어려울 만큼 매혹적인 문장들, 빛나는 감성, 그리고 시적 묘사. 백 년 전의 풍경과 서사가 행간마다 압화처럼 버석거린다. 과연 많은 학자가 괴테와 네루다와 로르카를 나란히 놓는 이유를 짐작할 수 있겠다. 서문을 읽은 독자라면 그가 던지는 글의 포물선 속으로 발을 들여놓은 상태다.

   독자 제위諸位. 여러분이 이 책을 덮는 순간 안개와도 같은 우수憂愁가 마음속을 뒤덮을 것이다. 그리고 여러분은 이 책을 통해서 세상의 모든 사물들이 어떻게 쓸쓸한 색채를 띠며 우울한 풍경으로 변해 가는지 보게 될 것이다. 이 책 속에서 지나가는 모든 장면들은 추억과 풍경, 그리고 인물들에 대한 나의 인상印象이다. 아마 현실이 눈 덮인 하얀 세상처럼 우리 앞에 분명히 나타나는 일은 없을 것이다. 그러나 일단 우리 마음속에서 열정이 분출되기 시작하면, 환상은 이 세상에 영혼의 불을 지펴 작은 것들을 크게, 추한 것들을 고결하게 만든다. 마치 보름달의 빛이 들판으로 번져 나갈 때처럼 말이다. (9쪽)

로르카의 예술적 감성을 이해하려면 스페인 남부의 안달루시아 지역에 대한 이해가 동반되어야 한다. '안달루시아 문학의 시작은 중세의 안달루스 문학에서 시작된다.'라는 말이 있듯이 800년 동안 무슬림 제국이 통치했던 독특한 예술혼이 담긴 곳이다. 번성했던 문명의 흔적들이 왕궁과 성당의 건축물에 스며 있고, 유대교와 기독교와 이슬람 문화가 공존하며, 투우의 본고장이자 집시들의 춤인 플라멩코의 발상지인 이 신비한 땅에서 피아니스트이자 화가이며 천재 시인인 로르카가 탄생했다. 그러나 불행히도 스페인 내전 중 극우 민족주의자에 총살당하여 38세로 비운의 생이 끝난 곳도 여기 그라나다 비스나르 언덕의 올리브나무 아래가 되고 말았다.

그의 시신을 찾았다는 소식은 아직 없지만, 자신의 예술 세계를 이룬 최초의 경이로움은 "나의 대지에서 나왔다."고 할 만큼 안달루시아를 사랑했었다. 지금도 그의 영혼은 폐허처럼 남은 성당과 고성과 옛 정원 사이를 오가며 "이미 밤이 왔는데도 안개는 무슨 미련이 남았는지 자리를 뜨지 못하고 대지 위를 배회한다. 지평선 위로 한 줄기 하얀빛이 일자 어둠이 내려앉은 세상이 순간 희미하게 드러난다. 홀로 추위에 떨던 백양나무는 연초록빛 거울 같은 도랑물 위에 떠 오른 자신의 그림자를 처량하게 바라보고 있다."(194쪽)고 읊조리고 있을 것만 같다.

로르카의 언어 사이로 트레몰로 기법으로 연주되는 '알람브라 궁전의 추억'이라는 쓸쓸한 기타 선율이 새어 나온다. 책의 표지가 알람브라 궁전인 까닭도 있지만, 한때 나의 여행지로 남은 알람브라 궁전의 추억 때문일 터. 혼자 갔던가, 일행이 있었던가. 그런 기억은 이미 무화되었지만, 서러울 정도로 아름다운 푸른 평원과 올리브나무 사이로 드나들던 격정적인 바람의 연주와 영혼을 뒤흔드는 집시의 노래를 잊지 못한다. 한국의 판소리에 '한恨'의 정서가 담겨 있고 포르투갈의 파두 창법에 심장을 찌르는 '사우다지'가 들었듯이 안달루시아 지방에는 '두엔데Duende'라는 것이 박혀 있다. 그것은 어떤 철학적인 말로도 설명되지 못하는 미스터리한 힘으로써 집시들의 정령일 수도 있고, 생명을 품은 대지의 기운을 의미하기도 하며, 영혼의 밑바닥에서부터 솟구치는 절정적 도취가 되기도 한다. 로르카에게 풍기는 허망한 외로움과 신화적 은유의 문장과 민속음악을 삼백 편이나 암송할 만큼 뛰어난 음악적 재능과 살바도르 달리에게 바친 섬세한 감정도 어쩌면 그가 분출한 '두엔데'인지도 모를 일이다.

이 책의 백미는 버려진 정원에 대한 묘사들이다. 정원에는 무엇이 있던가. 분꽃, 도금양, 당아욱, 덩굴나무, 이삭꽃, 아마폴라, 카모마일, 개미나리, 싸리풀과 양귀비, 백조, 황새, 노회한 뱀, 꿈꾸는 거미, 으르렁대는 개들, 금작화, 메꽃 덩굴, 레논나무, 축축한 풀, 수척해진 버드나무, 부패한 비단 같은 녹조, 곰팡이가 슨 철 십자가, 진흙탕 속으로 꺼진 벤치, 굳게 닫힌 발코니 창문, 은빛 물줄기, 쓸쓸한 공기, 검게 얼룩진 조각상, 벌거벗은 인간의 욕망, 희미해진 묘비, 그 사이로 보이는 '잠들다'라는 글귀, 고적에 싸인 채 떠나는 기관차의 기적소리….

마치 자신의 죽음을 예견한 듯 담담하게 써 내려간 로르카의 시를 다시 읽는다. "내가 죽거들랑/ 발코니를 열어두오/ 아이가 오렌지를 먹고 있네/ (내 발코니에서 그게 보이네)/ 농부가 밀을 베고 있네/ (내 발코니에서 그게 보이네)/ 내가 죽거들랑/ 발코니를 열어두오"(〈아!〉 일부). 그러나 애상에 빠진 독자들이여, 너무 슬퍼하지 말자. 안달루시아의 한 고독한 순례자가 "제발, 나를 이 벌판 속에 홀로 울게 내버려다오."라며 영혼의 목소리로 호통 칠지도 모르니까.

등대, 침묵으로 서다

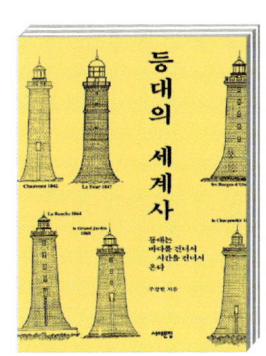

≪등대의 세계사≫
주강현 | 서해문집 | 2018

"등대는 바다를 건너서, 시간을 건너서 온다"라는 말을 한 이가 있다. ≪등대의 세계사≫를 쓴 주강현 선생의 말씀이다. 이 책의 표제를 한 번이라도 본 사람이라면 어느 날 문득 등대 여행을 떠나고 싶은 충동이 일지 않을까.

부산은 단연 등대의 도시다. 영도등대와 가덕도등대를 포함한 유인등대와 오륙도 등대, 칠암등대, 미포등대, 중리항붉은등대 등 여든 개가 넘는 무인등대가 널려 있다. 그중 현존하는 가장 오래된 등대는 광무 9년에 처음 불을 밝힌 부산항 감만부두 끝단에 있는 제뢰등대이다.

'제뢰'라는 이름은 접동새 즉 '두견이 제鵜'와 '여울 뢰瀨'가 합

처진 것으로, 예로부터 까치 여울 또는 오리 여울로 불리던 수중 암초 위에 설치되었다. 처음에는 암초가 있으니 조심하라는 등표 역할을 했으나 암초가 매립되면서 등대로 이름 얻었다. 이후 매립 공사로 바위섬과 육지의 선석이 연결되자 제뢰등대는 옆의 부두 등표에게 그 역할과 자리를 넘겨주고 실제 등대로서의 기능은 마감하게 되었다.

제뢰등대까지 버스 노선은 없다. 처음 찾는 외지인이라면 감만동 버스 종점에 내려서 제법 걸을 각오를 해야 한다. 자동차를 운전하고 와도 펼쳐진 항구와 머리 위로 부산항 고가다리가 뻗어 있어서 내비게이션이 쉽게 인식하지 못할 수도 있다. 길치인 내가 우여곡절 끝에 겨우 찾은 것처럼. 하지만 어쩌랴. 인생이란 쉬운 길을 어렵게 돌아오기도 하며 한가운데에서 출구를 잃기도 하는 법. 때로는 힘든 여정이 더 가치 있으니까.

부산의 첫 등대를 찾아가면서 '첫'이라는 단어를 내내 생각한다. '첫'이라는 말은 늘 대견스럽다. 극한에 이르러 벽을 허물고 마침내 한계를 뛰어넘어야 도달하게 되는 글자다. 그것이 긍정의 결과이든 그렇지 않든. '첫'이라는 맛은 물에 갠 가루약처럼 삽삽하고 덜 익은 살구처럼 떫었지만, 간간이 배릿한 눈물 맛도 섞여 있었다. '첫'이 설레고 감격스러웠음에도 얼마나 많은 실패를 안겨주었는가. 실패가 많았다는 것은 용기 있는 도전도 많았다는 뜻이리라. 만약 '처음'이라는 것에 온도가 있다면 펄펄 넘치는 가마 불의 기운쯤 되겠지. 보드라운 흙이 뜨거운 불 속에 누워

새로 태어나듯이 처음의 기억은 활활 열정으로 피어올랐다. 훈장처럼 수여 받은 그 많던 나의 '첫'들을 떠올려 본다. 첫날, 첫봄, 첫말, 첫 마음, 첫걸음, 첫인사, 첫 경험, 첫울음 그리고 '첫'으로 시작했던 옛사랑까지…. 내게서 떠나버린 '첫'들은 모두 어디로 가버렸을까.

거기 산이 있어서 오르는 것처럼, 거기 등대가 있기 때문에 등대 여행자들은 등대를 보러 간다. 내가 아는 지인 중에서 어느 수필가는 등대여권을 들고서 전국의 등대 기행을 마친 후 책을 출간한 이가 있다. 나도 그분 덕에 뒤늦게 등대여권을 손에 쥐었으나 네댓 군데밖에 발을 딛지 못했으니 아직 걸음마 수준이다. 등대여권에서는 우도, 울기, 어청도, 소청도, 오동도, 마라도, 팔미도, 홍도 등 '아름다운 등대'와 가거도, 거문도, 당사도, 상백도, 소리도, 말도와 제뢰등대 등이 포함된 '역사가 있는 등대' 코스로 열다섯 곳씩 나누어 지정하였다. 등대 여행자들은 한결같이 등대에 가서는 함부로 '물 한 모금 달라' 하지 말 것을 당부한다. 암, 그렇고말고. 등대지기, 그들도 마실 물은 육지에서 가져온다는 사실을 기억할 것.

스마트폰의 지도에 표기된 목표점이 가까워져 간다. 신선로 길을 따라 몇 개의 공장 건물을 지나니 머리 위로 부산항 대교가 높다랗게 놓여 있다. 감만부두 우측으로 펼쳐진 바다에는 정박한 배들이 조용하고 군데군데 고등어를 잡는 낚시꾼들의 손놀림이 바쁘다. 반면 딱 봐도 초보인 듯한 강태공은 반지르르한 릴낚싯대만 바다에 꽂아두고 부산항의 풍광 삼매경에 빠졌다. 그들 사이로 오른편 바다에 솟구친 붉은 등대는 최근 세워진 등대이므로 좀 더 걸어야 한다. 팔각정을 지나 방파제가 보이는 항구 끝까지 가니, 드디어 굴뚝 같은 원통형의 등대 하나 떡하니 버티고 있다.

바로 제뢰등대다. 백 년이 훨씬 넘은 할아버지 등대가 우뚝 서 계신다. 등대 키로서는 다소 작은 20척 단신이다. 붉은색과 검은색의 가로줄 무늬 옷 한 벌 걸치고 갑옷을 연상케 하는 철제 보호막을 두른 채 머리에는 돈키호테의 놋대야 투구 같은 모자를 쓰셨다. 등댓불을 보호하느라 유리 등롱을 휘감았는데 당시에는 백색 불빛의 가스등을 켜서 뱃길을 인도하였으리라. 이곳이 부산항 들목인 까닭에 부산의 첫 등대를 세운 것이다. 기록에 따르면 감만동은 조선시대 해군사령부인 경상도 좌수영 본거지였다. 등대 앞쪽으로는 커다란 동판에 그동안의 역사를 돌을새김하여 기록해두었.

등대의 역사가 처음에는 제국의 불빛을 밝히기 위해서였다는 사실이 가슴 아프다. 그러나 이 등대를 탄생시킨 사람은 분명 조선인들이다. 화려한 외모는 아니지만 선조들의 노동 흔적을 새기고 일어선 굳건한 기상이 돋보인다. 마치 고향 마을 앞 노거수처럼 해안을 지켜주는 어른으로서 당당하고 꿋꿋하다. 한때의 젊은 날엔 바다 한가운데에서 대형 선박과 작은 고깃배까지 호령하였을 것이며, 칠흑의 밤에는 섬광을 깜박거리고 신호음을 보내 난파선이나 표류 어선도 구조했으리라. 그러나 이십여 년 전, 육지로 몸을 내린 후에는 등대 역할은 마쳤고 이제는 보전 등대로 지정되어 역사의 증인으로서 존재한다.

  한편 세계 최초의 등대는 이집트 알렉산드리아 항 입구 파로스 섬에 세워진 파로스등대로 알려져 있다. 호메로스의 서사시 '오디세이'에도 등장하는 파로스등대는 14세기까지 보존되다 지진으로 무너졌다. 그러면 우리나라에서 가장 오래된 등대는 어디일까. 전국에 전기가 보급되기 전에 도깨비불이라 불리기도 했다는 인천의 팔미도등대가 최초로서 제뢰등대보다 두 해 전에 건립되었다. 물론 항로표지의 기원을 거슬러 오르면 '가락국기'에서 찾을 수도 있겠다. 허왕후가 붉은색 깃발을 단 배를 타고 김해에 도착할 때 김수로왕이 불을 피워 배를 인도했다는 기록도 있으니까.

  흔히 등대의 언어는 크게 다섯 가지라고 한다. 빛과 색과 형상과 소리와 전파다. 등대도 저마다 다른 색깔의 옷을 입고 등화의 불빛을 쏘며 나름의 억양으로 뱃고동 소리 같은 신호를 낸다. 하지만 내 앞의 제뢰등대는 이제 땅 위의 등대가 되었다. 그러니 인간들이여, 등대 같은 사람만 그리워하지 말자, 사람 같은 등대도 있으니까.

  입을 닫고 몸의 등불을 아예 꺼 버린 등대가 홀로 서 있다. 사람이나 물상이나 제대로 응축되면 침묵의 힘을 갖는다. 빛과 소리 대신 그가 침묵으로 말을 한다. 다만, 그 거룩한 말은 언제나 귀를 여는 자에게만 들릴 뿐이다.

비를 위한 송가頌歌

≪비는 우리가 사랑에 빠지는 것처럼 내린다≫
마르탱 파주 | 열림원 | 2008

비가 내립니다. 올해는 유난히 가을비가 잦습니다. 대봉시가 익어가는 베란다 탁자 위에 쌓아 둔 책을 한 권 고릅니다. 평온한 휴일, 책 속에서도 후드득 비가 쏟아집니다. '비는 우리가 사랑에 빠지는 것처럼 내린다'라니요. 제목부터 흠뻑 비에 젖게 만듭니다.

백이십여 쪽 속에 한 면 가득 흩뿌리는 빗줄기와 붉고 푸른 우산으로 채운 삽화만도 마흔 쪽 가까이 됩니다만, 눈길을 잡은 그림 덕에 전혀 글 꾀를 부린 꼼수가 아니라는 것을 알 수 있지요. 아, 그린 이가 눈에 익는군요. '꾸뻬 씨' 시리즈를 작업했던 발레리 해밀 여사입니다. 그녀는 종이 위에 손으로 직접 스케치를 하고 색을 덧칠하는 옛 방식을 고집한다더군요. 그래서인지 낡은 우산의 질감이나 꺾인 빗줄기의 붓 자국이 손끝에 보드랍게 잡힐 것만 같군요.

비를 넘깁니다. "비는 세상이 잠시 정지되는 것을 좋아하는 사람들의 패스워드다."라는 구절로 첫 장을 여는군요. 멈춘다는 것을 생각해 봅니다. 그동안 얼마나 내달렸을까요. 돌아보면 세상이 이대로 멈추길 바라던 환희의 순간도 없지는 않았겠지만, 숨차게 질주의 궤도만 쫓고 있었지요. "씨앗처럼 정지하라, 꽃은 멈춤의 힘으로 피어난다"고 외친 시인도 어쩌면 빗속에서 거룩한 기다림을 발견했을지도 몰라요.

비는 하나가 아니라 수없이 많은 종류가 있다지요. 시간에 따라 장소에 따라 그리고 양이나 계절과 내리는 속도와 바람의 방향에 따라서 비는 다양한 그림을 그리곤 합니다. 실비, 안개비, 궂은비, 마른비, 싸락비, 소낙비, 장대비, 자드락비만 있을까요. 반가운 술비와 잠비, 요긴하게 내리는 단비, 꿀비, 약비와 더불어 수직의 비, 곡선의 비, 점선의 비도 있지요. 그러한 비는 차갑고 서늘하고 따뜻하고 뜨거우며, 날카롭고 연하며 살부드럽고 매끈합니다. 누구나 한 번쯤 빗방울의 모양을 그려본 적이 있겠지요. 봉긋한 매화꽃망울 같기도 하고 시골집 마루에 걸린 알전구도 떠올렸건만 에로틱한 빗방울을 상상해 본 적은 없답니다. "빗방울은 위쪽 끝에 정자의 꼬리를 닮은 끈이 달린 작달막한 몸을 갖고 있다."는 구절을 읽기 전까지는요.

비를 쫄딱 맞아본 기억이 있는가요. 어릴 때 시골에서는 흔하게 비를 맞고 다녔으니까 텁텁한 빗물이 입안으로 미끄러지는 것도 예사로운 일이었죠. 그런데 이 책에서는 빗방울을 과일에 비유했더군요. "빗방울을 따서 깨물어보라!"는 문장에서는 거의 절규할 뻔했다니까요. 내가 최고로 여긴 육향肉香의 문장은 김훈의 〈수박과 자두〉에서 "입을 크게 벌리고 앞니를 자두의 살 속으로 깊이 찔러 넣을 때 살아있는 인간의 몸은 자두의 살과 한 덩어리가 된다."는 기막힌 묘사였지요. 하지만 김훈 선생님도 빗방울을 따서 깨물어 본 글은 아직까지 쓰지 못했을 겁니다.

비는 희생양이라고도 했군요. "사람들은 자신의 태만, 과오, 기만을 숨기기 위해 비를 이용한다."라고 덧붙이면서. 왠지 수긍이 가지 않습니까. 우리는 얼마나 많이 비를 원망했던가요. 비 때문에 신발이 젖었으며, 비 때문에 감기가 들고, 비 때문에 사고가 났으며, 비 때문에 약속 시간을 넘겼으며, 비 때문에 여행이 취소되었다고. 잘못의 핑계는 모두 비에게 넘겼지요. 심지어 연인과 헤어진 날 비가 내렸다면 이별의 책임까지 떠밀게 되었으니까요.

비가 와서 좋은 날도 많았지요. 비 덕분에 일정이 취소되어 종일 보았던 영화, 폭우에 갇힌 여행지에서 이야기를 나누었던 순한 사람들, 함께 듣던 잊지 못할 빗소리, 급할 것도 두려울 것도 없던 빗속의 긴 하루…. 나는 대부분 비 덕분에 음악도 듣고 맥주도 마시고 통닭도 뜯고 안부도 전하고 또 예정 없던 약속도 합니다. "삶에는 아무 일도 일어나지 않는 반면, 비가 오면 뭔가가 일어난다."는 문장에 밑줄을 그으며, 건조한 내 삶도 빗방울 따라 통통 튀었으면 하고 기대하게 되지요.

> 사람들은 말한다. 빗방울이 떨어진다고. 그 진부한 사실 확인 너머에서 드라마를 보는 사람은 아무도 없다. 사고, 아니면 자살? 우리는 결코 알 수 없을 것이다. 어쨌거나 비는 다시 일어서지 않을 것이다. 그것은 저 높은 절벽에서 미끄러졌다. 우리는 그것을 구할 수 없다. 할 수 있는 유일한 것은 그것이 우리 위에, 딱딱한 바닥보다는 우리의 부드러운 피부 위에 떨어지도록 거기 있어 주는 것이다. 나는 손을 벌리고 고개를 들어 그것을 맞는다. 그것은 내 품에서, 내 가슴에 부딪혀, 내 얼굴 위에서 죽는다. 나는 그의 유해를 맞아들여 마지막으로 품어준다.(109쪽)

비의 죽음, 비의 장례식, 심지어 비의 유해를 생각해 본 적이 있는가요. 대체 이러한 고민을 한 작가는 누구인지요. 파리 남자, '프랑스 젊은이들이 가장 사랑하는 작가'라는 핫한 수식이 붙은 마르탱 파주를 읽습니다. 법학과 철학, 심리학, 언어학, 사회학, 예술사와 인류학 등을 공부하였고, 우디 앨런과 홍상수 감독의 영화를 좋아하고, 재즈를 사랑하며, 요리하는 것을 즐긴다고 하군요. 야간 경비원, 페스티벌 안전 요원, 기숙사 사감까지 한 다채로운 이력과 알코올 중독, 자살 충동, 부랑 생활 등의 밑바닥 경험이 아마도 작품에 스며들었겠지요. 참, 한국에도 두어 번 다녀갔군요.

어쨌든 비 하나로 모든 서사를 연결 지을 수 있다는 사실이 놀랍습니다. 시적 언어와 철학적 사유와 기발한 상상력이 빚어낸 결과물이겠지요. 아랍 시 중에서 "빗방울처럼 나는 혼자였다. 오, 나의 연인이여, 빗방울처럼 슬퍼하지마."라는 구절이 있습니다. 그 첫 문장을 산문집 제목으로 삼은 공지영 작가의 감각이 부럽듯이, 이 책의 원제인 ≪비De la pluie≫를 재해석하여 ≪비는 우리가 사랑에 빠지는 것처럼 내린다≫라는 멋진 표제를 내세운 역자의 재치도 대단하군요. "비는 오랜 내적 숙고 끝에 구름을 떠나 우리를 적시기로 결정했다."는 구절을 곱씹으며 이제 책장을 덮습니다. 우산을 쓰고 빗소리라도 좀 들으려고요.

'적막의 블루스'가 흘러나오고

≪문득 그대≫
구활 | 눈빛 | 2017

때로는 제목이 감성을 앞지를 때가 있다. '내가 사모하는 일에 무슨 끝이 있나요'라는 시집이라든지 '천개의 바람이 되어'와 '인생은 나에게 술 한잔 사주지 않았다' 같은 시는 내용보다 먼저 제목에 이끌렸다. 노래나 영화도 예외가 아니다. 번역의 힘도 한몫하겠지만 아그네스 발차가 부르는 '기차는 여덟 시에 떠나네'나 데이비드 프랭클 감독의 '악마는 프라다를 입는다', 비비안 리가 열연한 '욕망이라는 이름의 전차' 등은 명 제목에 걸맞게 내용도 훌륭했다.

  수필집은 또 어떤가. 작가들이 책을 묶으면서 많은 고민에 빠지는 부분이 표제 정하기이다. 나의 경우만 하더라도 '새에게는 길이 없다'라는 아포리즘 문구로 멋도 부려보고 '장미, 타다'와 '별이 내리네' 같은 감성적인 제목이나 '미스miss'가 지닌 다의성을 의식하여 '미스 에세이'라고도 붙여봤지만 크게 매력적이거나 반전의 묘미가 있다고는 생각하지 않는다.

그런데 타인의 수필집 제목은 어떻게 그리도 근사한지. '꿈꾸는 보라', '강변 여관', '글 쏟아질라', '비가 와도 좋았어', '다큐 속의 풍경' 등. 하마터면 책을 받는 순간 고함을 지를 뻔한 제목도 있었다. 요즈음 말로 그냥 팍 꽂혀버린 바로 '문득 그대'이다. 이 멋진 책 제목과 '팔할이 바람'이라는 닉네임을 갖고 있는 풍류객 구활 선생님과의 이미지는 정말이지 딱 맞아떨어졌다. 1m 85cm 장신에 언제나 검은 중절모를 쓰고 역시 검은 선글라스를 빠트리지 않는, 팔순이라고는 믿기지 않을 만큼 세련된 외모와 위트 있는 언변으로 신사의 아우라를 뿜어내는 분이지 않은가. 또한, 눈 밝은 자는 재첩 물빛 표지의 제목 아래 연어 속살 같은 색깔로 '적막의 블루스'라고 조그맣게 적힌 부제를 발견했을 터이다. 영화 '지상에서 영원으로'를 본 사람이라면 몽고메리 클리프트가 친구의 죽음에 눈물 흘리며 연주하던 구슬픈 트럼펫 소리를 잊지 못할 것이다. 그 장면을 회상하면서 책장을 넘기면 환청같이 문득, '그대'와의 추억으로 젖어 드는 '적막의 블루스' 음률이 배어 나올지도 모르겠다.

나는 이 책을 지지난해 휴가 때도 배낭 속에 넣었고 올해 제주 여행 때도 들고 다니면서 숙소에서 카페에서 느긋하게 읽었다.

구활 선생님의 기품 있는 문체와 활달한 필력이야 수필 공부를 한 사람이면 다 아는 사실. 이에 더하여 선생은 풍류를 제대로 즐길 줄 아는 현대의 한량이다. 그의 풍류는 쥘부채를 든 선비가 툇마루에 비스듬히 기대어 고급스러운 도자기 화분에 핀 매화나 난초를 감상하며 생각에 잠기는 관념적인 풍류가 아니다. 이른바 자연과 인생과 예술의 합일을 바탕으로 개인사의 한까지 흥과 해학과 신명으로 펼쳐내는 호방한 멋의 풍류라고 할 수 있다.

  그의 글은 동서고금을 망라한 지식과 지혜의 집합체로 이루어져 있다. '문득 그대'에서도 고향인 경산 하양 이야기를 포함하여 문화유산 답사, 수종사와 상원사 같은 절집 탐방, 우도와 박지섬 등 바닷가 기행, 팔도의 음식 일화, 인상파 화가들과 낭만적 시인들의 사랑, 소동파를 비롯한 선비들의 시문, 구상과 중광스님과 대구 남문시장에서 배추 장사를 하던 포대령과 칠칠이라는 호를 가진 조선의 화가 최북 등 괴짜 이름을 단 풍류객들도 어김없이 나온다. 그뿐인가. 시베리아 샤먼들이 자작나무 껍질을 벗겨 별을 주워 담는 주머니를 만든다는 풍습과, 고대 잉카인들은 사랑하는 이가 죽으면 그 사람의 정강이뼈로 궤나라는 '골관骨管 악기'를 만들어 떠난 이가 그리울 때마다 그것을 꺼내 구성지게 불렀다는 전설도 들어있다.

  궤나 이야기는 선생의 친구 동생 죽음과도 연결된다. 고인의 친구들이 인디오들의 발상처럼 뼛조각을 하나씩 나눠 갖겠다는 제안에 유골을 별도로 챙기게 된 것이다. "유족에게 맡기려 해도 슬픔에 불을 지르는 것 같아 한지에 싸인 궤나 재료들을 내가 맡을 수밖에 없었다. 박고석 화백의 부인은 남편이 보관하라며 건네준 약봉지 속 이중섭 화백의 유골 가루를 뭔가 싶어 맛을 봤다는데 그에 비하면 나는 약과지."(11쪽) 과연 구활 선생님다운 위트 있는 문장이 아닐 수 없다. 그림과 사진에도 상당한 전문지식을 갖고 있는 그가 "남들이 잔챙이 취급하는 소품들이 오히려 내게는 월척"이었다고 회고하면서 트레이시 에민의 '너에게 마지막으로 했던 말은 "날 버리고 떠나지 마"'라는 사진을 소개한다. 그 뒷모습 여인의 누드 앞에서 영혼이 얼어붙을 듯 경직되고 슬픔의 무게 때문에 일어설 수가 없다고 표현한 글(21쪽)을 읽으면 누구인들 빈 가슴을 쓸어내리지 않을 수가 있을까.

내가 문단 후배들에게 이 수필집을 추천하면서 반드시 부탁하는 말이 있다. 이 책 속에 나오는 영화나 음악은 모두 섭렵하라. 가능하면 인용되는 시도 찾아 전문을 읽어라. 가령 영화만 하더라도 '러브 오브 시베리아, 닥터 지바고, 커피와 담배, 마음의 행로, 초원의 빛, 시네마 천국, 피에타, 레이더스, 석양의 무법자, 역마차, 황야의 7인, 미션, 나타샤…' 등 이루 말할 수 없고, 음악이라면 톰 웨이츠의 '식은 맥주와 싸늘한 여인', 루이 암스트롱의 '왓어 원더풀 월드', 프랭크 시나트라의 '마이웨이', 쇼팽의 '빗방울 전주곡', 야니의 '더 레인 머스트 폴', 동리 신재효의 '도리화가'와 부활의 '막걸리 드림' 등 여기까지 반의반도 적지 못했다.

나는 이 책을 구활 선생님과의 식사 자리에서 직접 전해 받았다.

책이 발간되고 일주일 후 서너 명의 문인이 울산의 고래 고깃집에서 구활 선생님께 음식 대접을 하게 되었는데, 고래 수육을 멸치젓국에 찍어 오래오래 씹으시면서 "정화씨, 맛있다, 참 맛있다." 탄복하시던 말씀이 귀에 쟁쟁하다. 그러고 보니 구활 선생님의 찐 팬이자 동갑이신 부산의 김정례 수필가와 자갈치에서 곰장어 먹기로 한 약속을 아직도 지키지 못해 면목이 없다. 미구에 자리를 마련하면 이번에는 "정례씨, 맛있다, 참 맛있다."를 연발하실 게 틀림없다.

코다리라는 이름 석 자

≪우리가 사랑한 비린내≫
황선도 | 서해문집 | 2017

생각만 해도 입맛 도는 음식이 있다. ≪우리가 사랑한 비린내≫를 읽은 자라면 각자 떠올리는 생선이 있을 것이다. 내가 지금 꼬들한 살코기에 은은한 불 향이 밴 매콤 칼칼한 코다리찜을 연상하는 것처럼. 연한 시래기와 푹 익은 무가 얹히면 공깃밥 추가는 저절로 곁들여진다. 양팔을 걷고 양념을 입술에 묻힌 채 후후 매운 숨을 몰아가며 먹어야 하니 격식을 차릴 자리에서는 정할 메뉴가 못 된다. 그러니 코다리찜을 함께 먹을 수 있는 사이라면 제법 극친하다고 하겠다.

십 년 만에 연락이 닿은 미란 씨와 따뜻한 밥 한 끼 먹자는 약속을 했다. 내 마음을 읽었는지 어렵사리 찾은 변두리 식당은

숨은 맛집으로 알려진 코다리 전문점이었다. 놀랍게도 미란 씨가 석 달째 일하고 있는 곳이라 했다. 유난히 뭉툭한 손마디가 눈길을 잡는다. 흰머리 듬성한 야윈 모습에서는 시련의 세월이 겹쳐졌다.

다행히 얼굴빛은 청량하게 맑았지만, 나는 그녀가 얼마나 악착같이 살아왔는지 짐작하고도 남는다. 지인의 목욕탕 한켠에 세간을 들여놓고 온갖 허드렛일을 하던 손, 손님 등을 밀다가 나와 마주치고는 겸연쩍게 웃던 눈, 그렇게 모은 돈으로 마련한 집이 한순간에 날아가 버린 사연을 담은 저 삭아 내린 가슴. 그뿐인가, 방탕에 빠진 남편은 진즉 가족을 팽개친 상태였다. 미란 씨 앞에서는 절대로 알량한 내 아픔 따위는 내비치지 못했다. 그런 그녀가 어느 날 연락을 뚝 끊고 사라져 버린 것이다.

화르르, 주방에서 이는 불 쇼에 눈길이 꽂혔다. 밖에서 보아도 숨이 턱턱 막힐 듯한 열기 속에서 주방장이 팬에 불을 붙여 기름을 날렸다. 코다리에 불맛을 입히는 중이었다. 재바르고 눈썰미 깊은 미란 씨도 이제 조금은 불 향 흉내를 낼 수 있다고 했다. 요즈음은 어딜 가나 불맛과의 전쟁이니, 주방 보조를 하더라도 재료가 타기 전 순간을 포착하는 기술을 익혀야 살아남는단다. 불의 맛을 배워 가는 그녀의 팔뚝 여기저기에 불그레한 흉터가 훈장처럼 남았다. 내 시선이 닿자 이미 심중에 데인 불 자국이 너덜거릴 텐데 이까짓 것쯤이야 하는 표정으로 소매를 슬쩍 끌어 덮는다.

훈김을 풍기며 코다리찜이 접시에 담겨왔다. 몸뚱이가 동강 나지 않고 머리까지 미끈하게 통째로 졸여졌다. 내장을 빼고 네댓 마리씩 한 코에 꿰어 말린 어린 명태가 아니던가. 다행히 대가리가 붙었으니 무두태는 피했고, 물러지거나 딱딱하지도 않았으니 찐태나 깡태도 아니며, 떨어지거나 손상되는 일도 면하여 낙태나 파태라는 악명도 비켜났다. 물론 동태, 백태, 먹태, 황태라는 돌림 항렬의 은덕은 입지 못했지만, 끝까지 덕장에서 버텨내었기에 코다리라는 이름 석 자를 얻었다. '명태'라는 노랫말에 나왔던 '이집트의 왕처럼 미라'가 된 코다리 네 마리가 근엄히 요리상에 올려졌으니 물고기의 생으로도 이만하면 족할 일이다.

　미란 씨가 내게 먼저 시식을 권한다. 핏줄을 나눈 자매처럼 애틋하게 지낸 날들을 돌이키는 동안 어느새 내 앞으로 가득 살을 발라놓았다. 이곳 코다리찜이 요샛말로 뇌살시키는 맛일 거라며 그녀가 조금 크게 웃는다. 나도 한 입 삼키며 죽여주는 맛이라고 추임새를 넣는데 갑자기 눈자위가 어릿하게 매워진다. 코다리찜을 할 때는 불맛 못지않게 중요한 것이 명태 살이 부서지지 않게 하는 거란다. 그것을 설명하면서 미란 씨는 자꾸 생선에 상처 나지 않게 해야 한다고 강조했다. 상처를 내는 것도 상처가 나는 것도 모두 슬픈 일이다. 숨었던 십 년 동안의 삶 역시 순탄치는 않았을 터. 풍문에 들려오던 소문들도 안타까운 일들 뿐이었으니까.

　묻고 싶은 말은 많지만 참기로 하였다. 저마다 감당해야 할 고뇌의 짐이 있다고 믿는 까닭이다. 어디 코 꿰인 삶이 코다리뿐일까. 청어나 꽁치의 눈을 꿰어 말린 과메기도 비슷한 처지이고, 엮거리 신세인 굴비는 꿰미를 지은 채 해풍을 맞거나 통보리 뒤주 속에 들앉아야 한다. 미란 씨의 삶이 비록 첫 코부터 잘못 꿰어지긴 했으나 아주 바닥으로 추락하지는 않았으니 실패했다고 단정 지어서도 안 된다.

불맛의 진수를 파악하듯 매운 삶도 알아차렸다는 듯이 그녀가 혼잣말처럼 중얼거린다.

"나는 이제 누가 무슨 말을 해도 화나지 않아요. 내가 잘못했으면 그 말이 맞는 것이고, 내게 잘못이 없으면 그 사람의 잘못이기 때문이지요."

아무렴, 생태와 북어의 중간쯤이 코다리인 것처럼 미란 씨의 궂은 삶도 이제는 꾸덕꾸덕 말라져 가고 있는 중이니까.

아무것도 아닌 자가 되어

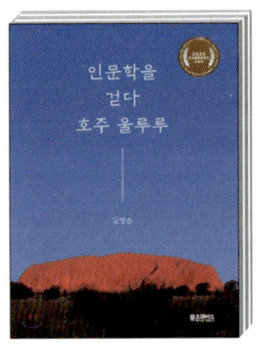

≪인문학을 걷다, 호주 울루루≫
김영순 | 북스페이스 | 2020

한때는 사람들에게 여행이 생활의 일부가 된 적도 있었다. 여행 계획을 세우고 여행 적금을 들고 여행 에세이를 읽으며 휴가만 되면 배낭을 메고 지도 밖으로 떠났다. 그 시절에 여행가들은 김영하 작가의 ≪여행의 이유≫나 정원경 여행가의 ≪문득文得 여행≫이나 무라카미 하루키의 여행 에세이집 ≪먼 북소리≫ 같은 책을, 버스에서 기차에서 비행기에서 또 카페와 낯선 나라의 공항 대기실에서도 펼쳐 들고 읽어댔다. 여행은 일종의 방랑이고 탐험이고 유랑이고 모험이며 순례였다. 우리는 모두 마침내 떠나고 드디어 도착하고 언제나 다시 돌아왔다.

지금은 어떤가. 여럿이 갈 수 없고 쉽게 국경을 넘기 어려우며 국내 여행마저 조심스러운 역병의 시절이 되었다. 그러니 이 어수선한 시국에 맞은 휴가철이 그저 싱겁고 맹숭맹숭하다. 지난 여행지를 회상하며 사진이나 정리하고 저마다의 잊지 못할 여행기를 이야기로 나누거나 함께 떠났던 사람들을 그리며 글로써 되새겨 보는 수밖에. 당신의 최고 여행은 언제였던가. 잊지 못할 놀라운 여행지는 어디였던가. 나에게 묻는다면 예나 지금이나 단연코 '울루루'이다.

울. 루. 루.

에어즈록Ayers Rock이라고도 불리는 호주의 울루루는 유네스코가 지정한 세계자연 문화유산이다. 바위 높이는 348m, 지름 3.6km, 둘레 길이만 9.4km의 세계 최대 바위산으로 뿌리는 땅속 5~6km까지 더 뻗어 있다고 한다. 호주 사람들은 이곳을 그리스 델포이 신전의 옴파로스 돌처럼 신과의 소통이 이루어진다고 믿으며 '지구의 배꼽', '세상의 중심', '우주의 중심축'으로 여기며 신성시하고 있다. 실제 울루루는 지리적으로도 호주의 중심이다. 얼마 전에 변호사이자 교수인 김영순 여행작가가 쓴 ≪인문학을 걷다, 호주 울루루≫라는 책이 나왔다.

> 우리 몸에 배꼽이 있듯이 호주의 정중앙에도 배꼽이 있다. 호주 원주민들은 이 배꼽을 세상의 중심이라고 생각하여 '울루루Uluru'라고 불렀다. 울루루는 사막 한가운데 덩그렇게 솟아 있는 거대한 바위이다. 울루루를 처음 본 순간, 혹시 여기라면 나의

백골과 마주할 수 있겠다는 생각이 들었다. 그날부터 나는 울루루를 꿈꾸기 시작했다.(13쪽)

작가가 생각하는 여행이란 자신이 걸치고 있는 직함과 신분과 지식과 생각과 "피부와 근육, 신경까지" 거추장스러운 것들을 모두 벗어던지는 일이다. 윤동주 시인이 "고향에 돌아온 날 밤에/ 내 백골이 따라와 한 방에 누웠다/ 눈물짓는 것이 내가 우는 것이냐/ 백골이 우는 것이냐"라고 부르짖듯, 자의식의 세계에서 "백골 상태의 자신과 마주"하여 본질을 회복하고 의식을 일깨우는 일인 것이다. 그렇게 원시의 '나'를 만나기 위해서는 가장 원시의 장소를 찾는 것이 최적의 방법이다.

작가가 걷던 붉은 사막길을 내 기억과 겹쳐본다. 네 번의 비행기를 갈아타고서 두려움으로 첫발을 내디딘 검붉은 사막의 도시 앨리스스프링스는 칠 년 만에 가랑비가 내렸다. 울루루라고 부르는 단일 바위를 만나려면 앨리스스프링스에서 캠핑카에 몸을 실은 채, 한국에서는 고깃집 체인 이름인 일명 아웃백이라고 불리는 넓은 사막길을 일곱 시간여 동안 달려야 한다.

며칠 동안 머문 울루루에서는 따로 숙소를 잡지 않았다. 낡은 봉고에 짐을 두고 여행객들과 함께 끼니때마다 샌드위치를 굽고 커피를 끓였으며, 낮에는 사막길을 걷거나 바위 그늘에 앉았다가 밤이면 모닥불을 지피고 모랫바닥에 각자의 침낭을 펼쳤다. 불빛 하나 없는 사막 한가운데 누우면 눈동자 속으로 별들이 쏟아졌다.

그 별들은 주로 환희로 가슴을 데우지만 때로는 스며들지 못하고 울컥울컥 눈물로 괴어올랐다. 이유 없이 흘린 그때의 눈물이야말로 슬픔이나 분노로 얼룩지지 않은 내 생애 가장 깨끗하고 순한 눈물이 아니었을까.

바위산의 일몰은 장엄하고 일출은 거룩하다. 밤이면 차갑게 식었던 바위가 해 뜨면 뜨거운 심장처럼 우럭우럭 타오른다. 태양의 높이에 따라 핏빛 붉은색에서 연홍빛 물고기 색을 만들고 결국에는 홍차 우린 찻물처럼 희붉게 바래져 형체만 우뚝하다. 이 엄숙한 바위산 앞에 서면, 한낱 시시한 인간의 고뇌쯤은 아무것도 아니었다. 이 위대한 자연 앞에서 인간의 품위와 지성 같은 것은 저기 어슬렁거리는 야생 들개에게나 줘버려야 한다. 마치 오디세우스가 키클롭스의 물음에 '노바디Nobody'라고 대답하듯, 정말이지 나는 아무것도 아닌 자가 되어 그곳의 시간 속에서 오랫동안 멈춰버리고 싶었다.

울루루 여행을 단순한 트래킹이나 맛집 기행이나 휴양쯤으로 여겨서는 곤란하다. 김영순 작가가 책 제목에서 '인문학을 걷다'라는 문구를 굳이 부제로 설정하지 않은 이유를 짐작해 볼 일이다. 그녀는 직접 캠핑카를 운전하고 풀과 별레와 별자리에 눈 수기를 하며 사진을 찍고 손 그림을 그렸다. 돌산의 뿌리를 생각하며 보이지 않는 존재의 중요성을 깨닫고, 머무는 공간에 따라 인간이 변할 수 있음을 인지한다. 역사와 신화와 전설을 떠올리며 영화와 음악과 과학과 철학을 문학적 사고로 풀어내었다. 육지의 돌산이자 애버리진의 성소인 세상의 중심에서 '관계 속의 나'를 성찰한다. 불빛 하나 없는 사막 한가운데 침낭을 펴고 누우면 누구인들 신성의 언어가 쏟아지지 않을까. 책을 읽는 독자 역시 자신이 생각하는 세상의 중심은 무엇인가를 고민하게 만든다.

그곳에서 크로마뇽인을 닮은 맨발의 원주민인 애버리진과 마주쳤다. 이백 년 전 백인들에게 땅을 빼앗기고 인종 편견과 함께 대학살을 당하고 보호구역에 갇혀 낙후된 삶을 이어가는 토착민들. 푸른 혀의 도마뱀 룽카타 이야기와 창조주 나링거 신화 등을 그림으로 남긴 선한 영혼들. 부메랑으로 캥거루를 사냥했으며 흰개미가 속을 파먹은 통나무 피리 디저리두를 불며 축제를 열었던 아난구족은 전설 속으로 묻힐 위기에 놓여 있었다.

석산은 둔탁한 칼날에 베인 것처럼 쩌억 갈라졌거나 조각상같이 움푹 파였으며 군데군데 고대인이 새긴 문양들이 남아 있었다. 배낭족들은 돌 허리를 따라 고사목 길을 한 바퀴 걷거나 과거 아난구족의 주술사만 디딜 수 있었다는 돌산을 올랐지만, 원주민들의 바람대로 이 년 전부터 등반은 완전히 금지되었다.

여정에 오르지 못했거나 아직 이 책을 펼치지 않았더라도 일본 영화 '세상의 중심에서 사랑을 외치다'를 기억한다면 기시감에 대한 의문이 드디어 풀릴지도 모르겠다. 주인공 남녀가 언젠가 울루루로 함께 여행하기로 한다. 그러나 꿈을 이루지 못한 채 백혈병에 걸린 여자 친구가 세상을 떠나게 되고, 십수 년이 지난 후 유골을 들고 울루루를 찾아가는 남자 주인공의 못다 한 사랑을 그린 영화이다. 스크린 속 여 주인공의 마지막 음성이 되울린다. "부탁이야. 내 재를 울루루의 바람 속에 흩어줘. 그리고 너의 시간을 살아줘." 어쩌면 그곳은 영원히 잊히고 싶지 않은 자에게 이별하기 딱 좋은 장소인지도 모르겠다. 남은 자에겐 끔찍한 일이 되겠지만. 사람들이 근처 모래 협곡을 '잃어버린 도시Lost city'라고 부르듯이 이별의 기억일수록 빨리 지워버려야 하는 것. 그래야 다시 새로운 여행을 꿈꿀 테니까.

제2부

- 시간의 껍질을 벗겨라
  - 보르헤스 《만리장성과 책들》

- 풍자와 익살의 문장으로
  - 정호경 《해 저문 날의 독백》

- 판옥선을 타고
  - 김재근 《한국의 배》

- 공간 속의 장소, 장소 너머 공간
  - 이-푸 투안 《공간과 장소》

- 끝물 참외
  - 김서령 《참외는 참 외롭다》

- 편견을 버리면 사람이 보인다
  - 올리버 색스 《아내를 모자로 착각한 남자》

- 유쾌한 기행에 대취하다
  - 변영로 《명정사십년酩酊四十年》

- 손가락 언어, 꽃으로 피다
  - 신진련 《오늘을 경매하다》

- 고독해도 고독하지 않은
  - 김열규 《산에 마음 기대고 바다에 영혼 맡기면》

- 해변열차는 달리고
  - 천양희 《한 사람을 나보다 더 사랑한 적 있는가》

시간의 껍질을 벗겨라

≪만리장성과 책들≫
보르헤스 | 열린책들 | 2008

시간에 대해서 시달린 적이 있는가. 나는 종종 흐르지 않는 시간이 나를 괴롭힐 때가 있다. 예컨대 어느 한가한 오후, 바람에 흔들리는 창밖의 나무를 보다가도 불현듯 그 풍경이 십년 전 내가 보았던 어느 날과 똑같은 것이다. 망막을 흔드는 나무와 살갗에 닿는 바람과 코끝을 스치는 냄새와 들려오는 목소리들. 단지 기억이 아니고 눈 앞에 펼쳐진 생생한 장면이라는 것에, 다시는 떠올리고 싶지 않은 광경임에, 나는 절망하고 몸을 떨고 시달릴 때가 있다. 분명 시간의 환幻에 지나지 않는다고 생각하면서도 과연 시간이라는 것은 제대로 있기나 할까, 과거와 현재와 미래로 가르는 것은 옳은 일인가, 혹여 개개인의 시간이 다르게 흐르는 것은 아닐까 하는 의문을 갖는다.

보르헤스를 읽다가 보르헤스가 인식한 '시간의 영원성'에 주목하게 된다. 보르헤스는 시간을 두 종류로 나눈다. 하나는 과거-현재-미래로 진행되는 '시계 시간'이고, 다른 하나는 '미로 시간'이다. 미로 시간은 시계 시간처럼 선형으로 흐르는 것이 아니라 마치 미로의 공간처럼 매 순간 두 갈래로 갈라져 무한 증식하며 동시에 펼쳐지고 공존한다. 그러기에 "그 누구도 과거를 살지 않았으며 미래를 살지 않을 것이다. 현재만이 모든 삶의 양태"라는 결론에 도달한다.

보르헤스에게 절대적인 시간의 질서는 없다. "시간은 나를 이루고 있는 본질이다. 시간은 강물이어서 나를 휩쓸어 가지만, 내가 곧 강이다. 시간은 호랑이여서 나를 덮쳐 갈기갈기 찢어 버리지만, 내가 바로 호랑이다. 시간은 불인 까닭에 나를 태워 없애지만, 나는 불에 다름 아니다. 세상은 불행히도 현실이다. 나는 불행히도 보르헤스이다."라고 말했으니까. 다선적이며 가역적이고 추상적이며 다양하여 아주 복잡하다. 그러니 그의 해석대로라면 "어제를 살았던 사람은 오늘은 죽은 사람"이며 마찬가지로 "오늘을 사는 사람은 내일이면 죽을 사람"이 되는 것이다. 그는 시간을 끝없이 회전하는 원이라고 가정한다.

그렇다면 내가 느낀 시간 속의 '어느 한순간'은 존재하는가. 보르헤스식이라면 시공간 속에서 '어떤 날, 어떤 곳'은 결코 존재할 수 없다. 내가 존재하는 시간 속에 당신은 존재하지 않고, 어떤 시간 속에서는 당신은 존재하지만 나는 존재하지 않으며, 때로는 두 사람이 함께 존재할 수도 혹은 아무도 존재하지 않을 수도 있다. 진정한 시간이란 무한으로 이어지는 일련의 흐름 속에서 끝내 손에 잡히지 않는 공쑀이 되는 것이다. 그 허망함이 보르헤스 스스로를 '아무것도 아닌 자'로 규정짓는다.

보르헤스의 글 읽기는 때때로 당혹스럽다. 사물과 현실에 대한 기존 인식의 틀을 여지없이 허물어버린다. 그 이유는 "유년 시절을 온통 아버지의 서재에서 보냈다."는 그의 자서에서 드러난다. 변호사였던 부친의 독서 성향과 문학에 대한 관심이 그를 독서광으로 만들었고, 형이상학과 철학적 사유, 다양한 종교와 동서양 문학에 대한 식견, 시공간과 언어에 대한 새로운 인식론적 토대를 다지게 하였다.

그에게 책은 기억의 재현이며 상상력의 확장이다. 훗날 다독多讀으로 눈이 멀게 된 후에도 구술을 통한 새로운 형식의 집필이 이어졌다. 그가 "나는 일생동안 음지에 가린 작가이다."라고 말한 적이 있다. 그의 말대로라면 "음지의 작가"였기에 그만의 독특한 언어관과 시간관이 직조되었고 사물을 뒤집어 읽는 메타포가 생성되었다. 그래서 그의 글은 충격을 넘어 다소 혁명적이다. 가령 그가 구현하는 명제는 다음과 같다.

〈어떤 사람이 꿈속에서 에덴동산에 갔다가 그곳에 갔었다는 증거로 꽃을 한 송이 받았다고 하자. 그런데 꿈에서 깨어나 보니 그 꽃이 손에 쥐어져 있었다.……. 그렇다면?〉 독자 여러분은 작가의 이런 상상에 대해 어떻게 생각할지 모르겠지만, 나는 완벽한 상상이라고 생각한다.(27~28쪽)

과연 보르헤스답다. '콜리지의 꽃'에서 영국의 시인 콜리지가 쓴 시의 내용, 즉 꿈속에서 쥐고 있던 꽃이 깨어난 후에도 손에 남아 있다고 가정하는 것에 대하여 태연한 보르헤스다. 나아가 "완벽한 상상"이라고까지 도출해낸다. 보르헤스의 미학은 텍스트의 무한성에서도 나타난다. 그는 한 권의 책이 '무한한 책이 될 수 있는' 여러 가지 방법들을 생각했다. 마지막 페이지가 첫 페이지와 동일하여 매번 다시 처음으로 돌아가는 순환적이고 원형적인 책, '천일야화'처럼 이야기 속에 이야기가 삽입되고, "섬뜩하게도" 자신과 동일한 이야기가 감지되어 마치 거울 속에 거울이 있듯이 느껴지는 책. 따라서 보르헤스의 글쓰기는 과거의 시간을 무한히 확장해내고 현실과 호환하며 세계를 해체시킨다. 그것이 반복되면 어디까지가 현실이고 어디까지가 허상인지 구분해낼 수 없게 된다. 그러한 전복이 그가 지향하는 목표점이 된다.

보르헤스가 끈질기게 말하고 있는 시간의 개념은 무엇인가. 우리는 왜 보르헤스의 시간 속에 빠져드는가. 결국 인간 자신과 인간이 만든 작품까지도 덧없이 흘러가는 시간의 한 모습이라는 것, 그 소멸하는 시간이 그려내는 형상이라는 것, 시간이라는 껍질을 벗겨내야 할 것. 그것이 보르헤스의 핵심이 아닐까. 책을 덮으며 보르헤스의 부음을 듣고 멕시코 시인 옥타비오 빠스가 쓴 글귀를 생각한다.

"우리는 위대한 한 작가(보르헤스)가 우리 모두가 동시에 활 쏘는 이, 화살, 그리고 과녁이라는 사실을 일깨워 준 것을 기억하자."

풍자와 익살의 문장으로

≪해 저문 날의 독백≫
정호경 | 다롬과이롬 | 2014

프랑스 속담에 "웃지 않고 보낸 날은 허탕친 날이다."라는 말이 있다. 삶에서 웃음이 없다면 세상은 얼마나 삭막할까. 나는 요즈음 재미있게 살고 싶다. 그래서 가능한 불편한 자리는 가지 않고 나를 힘들게 하는 사람이 있으면 슬쩍 피하며 슬프고 괴로웠던 과거는 잊으려고 노력한다. 집에서는 텔레비전도 유쾌한 프로에 시선을 두며, 딸이 구렁이 꺼풀 벗듯 옷을 던져놔도 저렇게 허물 벗는 일도 우화의 과정이려니 여기며 잔소리도 하지 않는다. 즐겁게 살기 위해서는 스스로 긍정적인 환경을 만들어야 한다. 인생이란 생각대로 될 가능성이 훨씬 크지 않은가.

그 실천으로 올해 휴가 때는 적당한 유머가 깔린 영화 몇 편을 다운받고 해학과 웃음이 담긴 수필집 서너 권과 함께하기로 했다. 그러니 풍자와 익살의 문장으로 독자를 즐겁게 해주는 정호경 선생님의 수필집을 챙기는 일도 빠트리지 않았다. 물론 ≪폐선≫과 ≪낭패기≫나 ≪육교 부근≫도 많이 알려졌고 몇 년 전에 출간한 ≪타향만리 그 친구≫도 있지만, 2014년에 작가가 여수에 계실 때 보내준 ≪해 저문 날의 독백≫을 뽑아 들었다.

저자와는 간간이 문학 행사 때 인사를 드렸고, 십 년 전 '수필의 날'을 맞아 여수시민회관에서 '올해의 수필인상'을 수상하실 때는 영광스럽게도 수상자의 대표작인 〈폐선〉을 낭독한 적이 있었다. 그 인연으로 한동안 나를 만나면 둥근 금테 안경을 쓴 동그란 얼굴에 만개한 수국꽃 같은 웃음을 담고 두 손을 꼭 잡아주셨다. 그럴 때마다 나는 이 책 속에 실린 〈따뜻한 손 한번 잡아봅시다〉라는 작품을 떠올리곤 했다.

선생의 수필을 도서관이나 지하철 등 공공장소에서 읽다가는 자칫 낭패를 보기 십상이니 조심할 일이다. 미처 방어할 틈도 없이 툭툭 불거지는 기괴한 웃음에 얼빠진 사람으로 취급받을 수도 있으니까. 예컨대, 목욕탕에 앉은 자신의 모습을 "온몸에 곰팡이가 피어 시골 뒷방에 앉혀놓은 메줏덩이처럼 볼모양 없이" 되었다든가, 어린 시절 추석빔으로 사서 책상 밑에 감춰둔 "운동화를 끄집어내어 신고 방을 돌며 시운전을 하다가" 밥상을 뒤집었다든지, 진료실에서 입을 쫙 벌리는 순간 "윗잇몸에 간신히 붙어 있던 틀니가 홀랑 떨어져" 버린 사건과, 똥파리를 묘사하면서도 "주방

옆 다용도실을 날 때는 미국 가는 비행기 소리를" 낸다고 한 대목에서는 어찌 만장하신 신사숙녀의 체통을 지킬 수 있을 것인가.

요새 젊은 사람들이야 이 정도의 문장에 쉬이 입꼬리를 치켜세우지 않을지도 모르겠다. 하지만 읽을수록 히쭉히쭉 웃음이 새어 나오는 것은 전에 읽은 〈변비 체험기〉나 〈낭패기〉 같은 내용들과 두 눈에 장난기 가득 머금은 작가의 표정이 겹쳐지는 까닭에서다. 사는 일이야 늘 팍팍하지만, 진하게 내린 냉커피 한 잔을 곁에 두고 청단풍나무 그늘이 들어오는 베란다 의자에 반쯤 누워 쏟아지는 글비를 맞으며 폭소 삼매경에 빠져 있으니 이 순간만큼은 세상 부러운 것이 없다.

선생의 책 속에서는 계절도 웃음을 감물고 온다. 봄도 "잘 삶아 놓은 달걀 색깔처럼 노랗게" 익어가고, 무더위는 "쇠죽솥에 하지감자 찌는 시늉"을 하며, 겨울 하늘은 "계란 껍질처럼 텅 비어 살랑" 해진다. 그러므로 태풍은 "포도송이처럼 조랑조랑 매달려" 올라오고, 폭우에 아내 얼굴은 "찌든 탱자가 되어" 버리며, 참매미도 집 베란다 방충망에 붙어 "엉덩이를 비벼" 대며 "방앗간의 고춧가루 갈아대는 소리"를 내지른다.

초봄에는 산수유와 개나리가, 지금은 유채꽃이 온 세상을 노랗게 덮었습니다. 어디 이것들뿐인가요. 햇병아리 주둥이와 털 색깔 좀 보세요. 아까 점심 먹고 돌산 바람 쐬러 나가서 온 동네에 깔린 이 귀엽고 노란 것들 구경하다가 집에 돌아와 화장실에

들어갔더니 그 잠깐 동안이 피곤했던지 내 소변 색깔도 노랗네요.(89쪽)

〈사람도 꽃도 잠깐 살다 가고〉라는 글의 일부이다. 제목이 잠언을 떠올리게 하여 조금 숙연했는데 읽어 내려가다가 또 그만 그 능청스러운 문체에 빵 터지고 말았다. 그러나 부드러움 속에서도 세태를 통렬하게 찌르는 일침이 있으니 때로는 정좌해서 읽어야 한다. 우리나라 사람들의 균형감이 무딘 것을 사철 삼겹살에 술만 마시고 독서를 하지 않은 탓임을 지적하였고, 바다와 함께 살면 바다를 닮고 산과 함께 살면 산을 닮으며 돈과 함께 사는 이는 돈을 닮는다고 했다. 아울러 자고 일어나면 해 뜨는 것도 변함없고 -선생의 표현대로라면 "언제나 싱싱한 해"가 뜬다.- 뒷산의 침묵도 여전한데 세상의 입들이 잠시도 쉬지 않고 밤낮 쫑알대는 것 역시 변함없다고 질타한다. 이렇게 쉬운 문구로써 얼마나 깊은 정신을 아로새겨 놓았는가. 그런데도 "아, 사람이 그립습니다."라고 한 부분에서는 울컥 목울대가 막혀온다.

책장을 덮을 때는 진실로 선생의 건강이 염려된다. 오래도록 심장병과 동행하였고, 위암으로 통째 위를 들어내었으며, 백내장 수술도 하였고, 막힌 눈물선도 뚫었으며, 서른 개가 넘는 담결석을 꺼낼 때는 너무 헐어버린 쓸개마저 떼어내지 않았는가. 설상가상으로 구안와사 때문에 제법 침술 신세도 졌으며, 틀니도 두세 번 새것으로 갈고, 이명도 의심되고 변비로도 고통스러웠지만,

이제 더 이상 "석쇠에 떡가래 굽듯이" MRI 촬영하는 일은 없길 빕니다.

  그리하여 젊은 수필가들에게 고하는 "시나 소설을 써 보다가 안 되니까 이것이나 한번 써 보자 하고 철없이 덤벼들어도 되는, 그런 만만한 글이 아니라는 것, 수필도 문학의 한 장르임에 틀림없다면, 누가 됐건 먼저 문학정신에 입각한 기본자세가 되어 있어야 할 것."이라는 '해 저문 날의 독백'을 오래오래 육성으로 들을 수 있으면 참 좋겠다.

판옥선을 타고

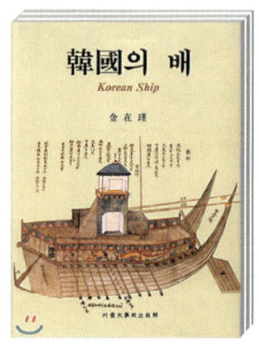

≪한국의 배≫
김재근 | 서울대학교출판부 |
1994

육중한 붉은 목선 한 척이 등장했다. 청홍색 깃대를 앞세우고 용머리 문양의 뱃머리 단청이 화려하다. 무엇보다 평평한 보통의 배가 아니라 뱃전 위에 방패판을 사방으로 두르고 덮개를 씌운 옥선이다. 그러니 이름하여 판옥선板屋船, 널빤지 위에 집을 올린 배를 의미한다. 마치 한옥 구조와 비슷하다. 선수 난간에 '조선통신사선'이라고 적힌 금빛 현판이 위풍도 당당하게 걸려 있다.

국립해양문화재연구소가 삼 년여에 걸쳐 조선통신사들이 탔던 목조배를 재현해내었다. 당시 조선에서 덩치가 가장 컸다는 전통 돛배로서 신대륙을 발견한 서양 범선보다 크다고 한다. 조선 문헌

자료들과 통신사선단을 묘사한 일본 회화 자료들을 참고하고 엔진까지 장착하였기에 칠십여 명이 승선하여 일본까지의 항해도 가능하게 되었다. 강원도에서 벌채한 수령 150년에 이르는 금강송 900그루를 사용한 견고함과, 선체의 부분마다 궁궐식 단청 채화로 휘장을 두른 화려함과, 선미와 선수가 반월처럼 솟은 우아함까지 고루 갖춘 멋진 배가 눈앞에 있다.

뱃길 탐방 신청을 하였기에 오늘은 이 배를 타고 용호부두를 출발해 이기대와 오륙도를 돌아오기로 한다. 취악대 연주자들이 깃털 꽂은 갓을 쓰고 태평소와 나발과 나각 등을 불며 일행을 맞는다. 오늘은 날씨가 쾌청하니 뱃길 또한 잠잠할 것이라는 추측이다. 덕분에 국악팀들도 선상 공연을 준비하며 함께 배에 오른다. 문득 십여 년 전에 나고야, 시즈오카, 하코네, 도쿄까지 조선통신사 옛길을 따라서 걸은 일이 떠오른다. 그때 회권병풍이 보관된 사절단들의 숙박지였던 '소가쿠지'와 조선 사신 설봉의 편액이 걸려있던 '료탄지'와 통신사 박물관으로 칭할 정도의 엄청난 수량의 편액과 한시가 있던 '세이켄지'를 가지 않았다면 이번 뱃길 탐방도 선뜻 신청할 수 없었을 것이다.

돛배 내부에 마련된 선상박물관이 눈길을 잡는다. 사절단의 이동 경로가 자세하게 표시되었다. 수도 한성을 출발하여 부산의 범일동 영가대에서 무사귀환을 기원하는 해신제를 지내고, 뱃길과 육로를 거쳐 야마구치현, 히로시마현, 오카야마현 등을 둘러보고 다시 부산으로 돌아오게 된다. 일본 수도인 에도까지의 왕복길은 4,500km로써 만 리가 넘으니 반년 이상이 걸리는 긴 여행길이었다. 통신사라는 이름으로 일본에 건너간 횟수는 임진왜란 이후부터 200여 년간 12회에 이른다. 물론 임진왜란 전까지 보빙사, 회례사 등의 이름으로 8회 정도가 있었고, 임진왜란 직후 선조 40년에 '회답겸쇄환사回答兼刷還使'라는 명칭으로 사신을 파견하면서 외교가 재개되었으나 12회 행렬만 좁혀서 조선통신사로 부르는 경우가 많다. 선상박물관에도 도요토미 히데요시 사후에 일본의 실권을 장악한 에도막부 무사 정권 이후의 행렬단을 중심으로 기록되었다.

'믿음을 나눈다'라는 '통신사通信使'의 의미를 생각한다. 조선은 사절단 재개 요청에 제법 망설였으리라. 오랜 전쟁을 겪은 후이니 양국 사이에 한껏 긴장이 고조되었고 국토는 엉망이 되었을 터이며 백성들의 생활도 어려워졌음이 그 이유였겠다. 그러나 양국 간 신뢰를 회복하고 조선 포로들을 귀환시키며 군사적 정보를 얻고 일본의 상황도 살피며 문화와 학술적 측면에서 조선이 더 우위에 있음을 과시하려는 의도도 깔렸지 않았을까. 그러니 수행원의 역할이 매우 중요하게 부각되었다.

다행히 조선통신사를 국빈으로 대우하며 성대한 향응을 베풀며 지극히 대접하였다니 위로가 된다. 사절단들의 인기는 대단하여 서예와 그림, 음악과 춤, 마상재 등을 현지에 전파했으며 숙소로 가는 길에는 조선 사신들이 지은 시나 글을 받기 위해 긴 줄이 늘어섰다. 그러자 일본 정부에서는 부둣가에서 선 채 구경하기,

망원경이나 여관의 2층에서 구경하기, 배를 타고 나가서 구경하기, 남녀가 뒤섞여 구경하기를 단속한다는 명령이 내려졌지만 잘 지켜지지 않았다고 한다. 행렬이 지나간 자리마다 일본의 유행이 바뀔 정도였다니 한류의 바람은 이때부터 시작되었다고 해도 과언이 아니다.

그 덕에 고추, 토마토, 고구마, 양산, 접부채, 벼루, 미농지 등이 조선으로 유입되었다. 별도로 조선 화원에게는 일본의 지형지물을 사실적으로 그려오도록 지시를 내렸다 하니 일본의 재침략에 대비해 미리 지형도를 살폈다고도 볼 수 있다. 반면, 일본 사절단들이 오면 왜관에 머물도록 하여 강력한 통제를 시도했으나 일반민들의 통제를 막기에는 역부족이었다.

이번에 재현한 조선통신사선은 9, 11, 12차 사행에 활동한 배를 모델로 하였다. 더군다나 여섯 척의 선단으로 구성됐던 통신사선들 가운데 사신단의 우두머리인 정사正使가 탔던 '정사기선'을 복원하였으니 강골한 기품이 서린 선박이라 하겠다. 배의 복원에는 양국에서 소장하고 있는 회화자료와 《계미수사록》, 《증정교린지》, 《헌성유고》, 《사행록》 등의 문헌자료를 참고하였다. 당시 사신들이 쓴 일기인 '동사록東槎錄'들이 남아 있는데 5회 해당하는 조경의 글인 "배 안에는 사신이 머무는 방이 설치되어 있었고, 그 벽에는 연꽃을 채화하고, 사면 벽에 있는 문에는 붉은 칠, 흰 칠이 되어 있었다. 배 왼편에는 용을 그린 큰 깃발이 하나 세워져 있고 글자를 수놓은 깃발이 넷이었으며, 뱃머리에 큰 북들을 놓고 그 위에 북을 놓았다."라는 표현만 보더라도 배 내부가 그려진다. 더욱 흥미로운 것은 12차 사행을 기록한 작자미상의 '동사록' 중 김재근 교수가 ≪한국의 배≫에서 판옥선에 관한 내용을 일부 정리한 부분이다.

"양 사신이 함께 선장에 가서 노해선 4적을 두루 살펴보니, 12기선은 통영에서 신조하고, 12복선은 수영에서 신조한 것이다. 기선 위에는 좌우에 화란이 있고, 난외에는 붉은 주장을 드리우고, 중층에 판옥이 15칸인데 왼쪽 제1칸은 상방이고, 그 위는 타루로 되어 있다. 조각한 난간과 곱게 색칠한 사다리가 밝게 비치고, 또 서일군막을 치고 병풍과 의자를 놓아 사신이 멀리 바라볼 수 있게 하였다. 타루의 전후에는 돛대를 두었는데 높이는 각각 15여 장에 이르고 위에는 표기를 달고, 또 목간을 세우고 정부자 등 선호를 단다. 복선에는 천막을 치지 않고, 돛은 백목으로 하되 청색 테두리를 하고, 각각 정복, 부복자 선호를 게양한다.

이와 같은 기록들은 조선통신사선의 화려한 모습을 잘 나타내고 있다. 난간과 기둥 같은 곳은 조각을 하여 아름답게 채화를 하였으며, 비단 자락으로 막을 내려치고 현란한 깃발을 세워 휘날리게 하였으며, 특별히 돛은 목면으로 하고 그 변두리를 청색으로 테를 두른 점 등이 기록되어 있다. 그렇게 배를 꾸미게 된 것은 효종 때에 선체에 채화하기 시작하고, 숙종 때부터 목면범을 쓰기 시작하는 등 통신사행이 어느 정도 궤도에 오르고 나서부터였다."

이로써 선수와 선미는 물론 격벽, 외판, 멍에, 갑판, 돛대, 계단,

누각, 돛대 등 어느 하나도 허투루 복원한 것이 없음을 알 수 있다. 임금이 파견하는 외교 사절단의 격식에 맞춰 갑판 위에 정사가 거처하는 판옥을 짓고 위에 누각을 올린 뜻도 충분히 짐작할 수 있겠다. 판옥선은 조선시대 명종 10년에 처음 개발된 우리나라 최초의 전투용 함선이었다. 왜구를 대항하여 노꾼들은 쉼 없이 선실에서 노를 젓고 군사들은 갑판 위에서 활을 쏘았으리라. 전통 한선이라 속도는 조금 느렸겠지만 바닥이 평평하므로 갑작스레 썰물이 되어도 배가 좌초되어 전복될 위험이 적을 것이고, 선단이 높으니 아래를 굽어보면서 화포를 발사하는데도 용이한 구조라고 여겨진다.

흔히 조선시대 군선이라고 하면 거북선을 이야기하는데, 판옥선을 개조한 전투함이 거북선이었음을 잊어서는 안 될 일이다. 연장도 제대로 없던 조선 사람들은 이 웅장한 배를 만들기 위해 얼마나 많은 고투를 하였을까. 통신사가 타고 가는 배 가운데 일부는 수영구의 경상좌수영의 선소에서 만들었다는 부분도 눈여겨볼 일이다. 하기야 초량왜관과 범일동 영가대의 언급 이외에도 하급 일본어 통역관인 소통사도 초량 사람들이었고, 배를 젓는 노꾼도 대부분 부산포 주변 사람들로 구성되었다는 기록이 있으니 부산은 예나 지금이나 한일문화 교류의 창구이자 중심지라고 할 수 있다.

배가 어느덧 오륙도를 한 바퀴 휘돌아 나온다. 과거 통신사선이 출항했다가 북서풍이 부는 날 돛대가 부러져 되돌아왔다는 기록이 있는 곳이다. 그 생각이 들자 복원선 위로 높이 솟은 두 개의 돛대를 올려보았다. 쌍돛대 꼭대기에서 펄럭이는 꿩털 깃대가 이채롭다. 풍향과 기상을 알기 위한 용도이기도 하겠지만, 무임승차하는 갈매기를 쫓기 위한 비책도 섞였다고 하니 절로 웃음이 난다.

화관부와 사물놀이 등으로 흥을 돋우던 선상 공연도 막바지에 이르렀다. 판옥선을 하선하며 엉뚱한 상상을 해 본다. 만일 오륙도 앞바다에 복원한 판옥선을 두둥실 많이 띄운다면 요트와 여객선에 밀렸던 한국 전통 목조배의 인기가 세계로 퍼지지 않을까. 가히 적벽대전과 쌍벽을 이룰 풍광은 물론이고, 어쩌면 곤돌라를 타러 베네치아로 떠나던 여행객들도 한국의 판옥선을 타러 가자고 우르르 몰려들지도 모르겠다. 아니, 그리되었으면 참 좋겠다.

공간 속의 장소, 장소 너머 공간

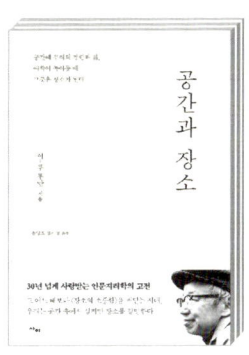

≪공간과 장소≫
이-푸 투안 | 사이 | 2020

"**공**간이 우리에게 완전히 익숙해졌다고 느껴질 때 그곳은 장소가 됩니다."

인문지리학자 이 푸 투안의 공간과 장소에 대한 개념정의를 요약한 말이다. 그에 따르면 공간은 움직임이 있으나 추상적이고 낯설고 미완성이며 백지와 같이 의미가 결여되었다. 반면 장소는 멈춤이 일어나며 구체적이고 안전하며 애틋한 마음이 깃드는 곳이다. 무엇보다 공간이 장소가 되려면 시간이 흐르거나 특별한 경험이 있어야 한다. 그곳에 가 보았는지, 머무른 적이 있는지, 강렬한 느낌을 받았는지, 어떤 사건이 발생했는지의 유무가 공간에 대한 가치를 부여하게 된다.

인간은 누구나 자기만의 장소를 간직하고 있다. 투안은 집, 동네, 고향, 도시, 국가, 신전, 작은 나무 밑 그늘진 곳, 심지어 부모의 품과 애정이 깃든 사물도 하나의 장소가 될 수 있다고 제시한다. 요즘 젊은이들이 유명 프랜차이즈 커피숍을 선호하고 핫한 여행지나 맛집을 순례하듯 과거의 청춘들도 대폿집이나 짜장면집을 즐기고 극장이나 다방을 기웃거렸다. 벚꽃 흐드러진 둑길을 걷고 비틀스 노래가 흐르는 강변 카페에서 생맥주잔을 부딪쳤다면 이러한 옛 장소들이 나만의 장소애로서 토포필리아topophilia가 되는 것이다.

농부가 땅을 섬기고 산악인이 산을 경외하듯 문인들의 경우에는 자신만의 산실로서 애착의 장소를 품는다. 버지니아울프는 '자기만의 방'에 기대고, 데이비드 소로가 '월든 호수'에서 영감을 얻듯이, 이상은 '제비다방'에 앉고, 박태원은 '종로 네거리'를 산책하며, 한승원은 '해산토굴' 바람벽 앞에서, 한흑구는 포항 바다를 직시하며 작품들을 길어 올렸다. 붐비는 도시와 거리 속에서도 언제나 자신만의 장소를 찾아 회귀하게 되는 까닭이다. 지금 내가 골방문을 걸어 닫고 이십 년 넘게 쓰고 있는 이 검은 회전의자에 앉아 글을 쓰는 것처럼.

장소애는 순간적으로 얻어지지 않는다. 한 장소에 대한 감정은 그 사람의 뼈와 근육에 새겨진다고 믿는 투안은 오랜 시간이 뼈와 근육에 녹아들어 마침내 마음속 지형도가 만들어진다고 확신하였다. 그것을 신화의 서사를 통해서도 구현해낸다. 특히 창조신화는 공간의 탄생과 장소로의 변신이 주를 이룬다. 북아메리카 인디언들이 바다에서 땅을 끌어올린 이야기와, 호주 애보리진이 물길을 치솟게 하여 캥거루 지역을 섬으로 만든 나링거 신화가 그러하고, 우리나라 제주신화에서는 옥황상제 딸인 설문대할망이 하늘과 땅을 두 개로 쪼개어 놓았으며, 이 일로 부왕의 노여움을 사서 땅으로 쫓겨났다. 그때 치마폭에 담고 온 흙을 내려놓는 곳이 제주섬이 되었다는 서사를 지녔다. 이처럼 인간은 신화라는 이름으로 "여기에 누가 있었고 무엇을 했는지"에 대한 공간의 장소화를 구체화시킨다.

신화란 인간이 만든 창조물이고 장소 또한 인간이 만든 공간이며 인간 역시 각자의 장소에 존재한다. 그러므로 신화는 과거나 현재 그 장소에서 살고 있는 인간을 파악하기에 좋은 텍스트임을 알 수 있다. 결국 의미 있는 장소가 되는 것은 인간의 관심이 투영된 곳이며 인간이 중심이 되어 지각하는 곳이다.

> 서아프리카의 도곤족은 바위를 뼈로, 흙을 위의 내부로, 적토를 피로, 강가의 흰 자갈을 발가락으로 간주합니다. 또 북아메리카의 어떤 원주민들은 지구를 뼈와 살, 머리카락으로 만들어진 지각 있는 존재로 생각합니다. 중국에서 유행하는 민담에서는 지구를 우주적 존재로 여깁니다. 산은 몸이고 바위는 뼈이며, 물은 혈관을 따라 흐르는 피이고, 나무와 풀은 머리카락이며, 구름과 안개는 숨 쉴 때 나오는 입김으로 보는 것이죠.(280쪽)

서아프리카 도곤족과 중국의 반고신화를 예시로 인간의 몸과 지형의 유사성을 설명하고 있다. 즉, 투안은 인간의 신체를 우주의 일부로 풀이한다. 인간의 신체와 자연의 공간을 통합함으로써 사람과 장소의 정서적 유대감이 형성되는 것이다. 그러면 현대인들이 애틋한 감정을 되살리는 곳은 어디인가. 많은 사람이 고향을 생각한다. 고향 들녘이 어머니의 품이 되고 뒷강물이 양수로 느껴지고 읍내까지의 산길 들길이 탯줄로 연상되듯 장소애의 본질은 시간과 경험을 품고 있다.

그러나 자신만의 장소를 상실했을 때 느끼는 그 공허함은 얼마나 처참한가. 그가 죽은 빈방, 떠나고 남은 자리, 두려움으로 감히 발 디딜 수 없는 공간. 의자, 술잔, 메모지, 슬리퍼, 사진첩 등이 뒹굴어도 그 집은 다시는 옛집이 되지 못한다. 장소가 공간으로 되돌려졌다. 그러기에 수리도 매매도 하지 않은 채 오랫동안 비워두었다. 반쯤 열어둔 창문으로 때맞춰 계절만 드나들고 있는데. 재개발의 바람이 분다니까 허물면 다시 새로운 공간이 만들어지겠지.

투안은 한 사람이 어떻게 다른 사람에게 '집'이 되어줄 수 있는지, 즉 한 사람이 어떻게 다른 사람에게 '둥지를 틀 수 있는지'에 대한 질문을 던진다. "작은 것일수록 더 친밀하다."는 말처럼 곁에 있을 때는 아주 가까운 것에 대한 가치는 잘 포착되지 않는다.

"의지처가 되어 주리다."

직접 들었던가, 전해 들었던가. 그 말을 들은 적이 있다. 마음을 기댈 장소를 제공해 주겠다는 말은 언제나 힘이 있다. 믿을 곳이 있다는 것, 누군가 내 편이 되어준다는 것은 돌아갈 집이 다시 생긴 것처럼 든든하다.

결국 인간의 삶은 공간과 장소 사이를 드나들 수밖에 없다. 내가 외면하는 공간도 누구에게는 친밀한 장소가 될 수 있을 것이다. 그러니 장소를 공간에 대한 우위로 해석하는 것도 옳지 않다. 공간이 되든 장소가 되든 서로가 서로를 필요로 한다. 안을 들여다볼 때 과거를 회상하고 밖을 바라볼 때 미래를 떠올리듯이 공간 속의 장소도 있으며 장소 너머 공간도 존재하니까.

끝물 참외

《참외는 참 외롭다》
김서령 | 나남 | 2014

　　과일은 언제나 색깔로 찾아온다. 마트에도 노점에도 골목길 과일 트럭에도 봉긋한 참외가 지천으로 노란 물을 덮어쓰고 앉았다. 이제는 제철이라는 말이 무색하지만 내 과일 달력은 딸기의 봄빛이 지나고 수박이 붉은 속을 채우는 사이에 금쪽같은 참외의 계절이 펼쳐진다.

　집 앞 과일가게에도 며칠 전부터 황금빛 줄무늬 참외를 산더미처럼 쌓아놓고 판다. 마치 참외밭 한 이랑을 통째로 옮겨 놓은 듯 착시가 인다. 바다오리알 같은 둥그레한 열매들이 열대 과일 사이에서도 당당하고 옹골차다. '금싸라기 참외'라는 상표를 붙인 것도 땅심을 향한 경배의 마음이 담겼으리라. 선이 반듯하고 골이

옴폭 파인 주먹만 한 참외를 몇 개 골라 담았다.
  식탁 위에 펼쳐놓은 샛노란 열매가 프리지어 꽃빛보다 곱다. 저 어리고 어여쁜 것에 감히 칼질하기가 마뜩잖아 꽃병 옆에 도로 내려놓았다. 내가 자랄 때는 참외는 돈을 주고 사는 것이 아니었다. 고향 마을은 사방이 지평선으로 덮일 만큼 들이 넓게 펼쳐졌는데 계절 따라 열매와 곡식이 차례로 여물어갔다. 시골 어디서나 흔하던 감나무나 포도 덩굴은 없었지만 누릇한 참외만은 여름이 다가오면 골마다 널브러졌다. 하굣길에 단내가 훅훅 도는 외밭 옆을 지날 때면 늘 곤혹스러웠다. 개궂은 남자애들이야 서리도 곧잘 했지만 겁약한 시골 소녀들은 달팽이 눈을 한 채 생침만 꼴딱 삼켰다.
  그래도 운이 좋은 날은 장독 뚜껑 안에 못난이 참외 몇 개씩은 뒹굴었다. 인심 좋은 밭 주인이 두고 가기도 했고, 어머니가 밭일을 거들고서 얻어올 때도 있었다. 그러나 우리는 오직 끝물 때가 오기만 기다렸다. 땅 주인은 대부분 외지인이었는데 무탈하게 작물을 거두어들인 보답이라 여겼는지 야멸차게 싹쓸이를 해 가지 않았다. 참외밭이나 토마토밭이나 연밭이나 우리가 미국미나리라 부르던 셀러리밭에서도 마지막 수확 날이면 흠다리들을 둑이나 밭고랑에 무더기로 내어놓았다. 비록 얽고 기울고 시들고 꼬부라져 한물간 것일지라도 그때만은 집집마다 이삭 과일이나 채소가 푼푼했다.
  나는 무엇보다 ≪참외는 참 외롭다≫는 표제어처럼 끝물의 참외밭이 좋았다. 요즈음 아이들이야 기겁할 일이지만, 동네 조무래기들과 밭둑에 퍼지고 앉아서 개미도 훑고 까치도 한입 찍어 먹었을 둥근 열매를 껍질째 오독오독 깨물어 먹던 기분을 무엇으로 대신하랴. 푸른 줄기가 키워낸 살덩이 중에서 단연 최고의 맛이 났다. 번듯한 상자에 담기던 물오른 단맛을 먼저 알았더라면, 입이 얼얼할 정도로 먹지도 않았을 것이고 싱겁고 맹맹하다며 단박에 밀쳐 냈을지도 모를 일이다.

어머니는 익지 않은 청참외만 따로 골라내어 장아찌를 담갔다. 과일도 채소도 아닌 푸른 열매들을 속을 파고 껍질을 깎고 소금물에 절여 고추장이나 된장독에 묻어두면 밑반찬으로 훌륭했다. 요즈음에야 정품으로 에이드나 샐러드도 만들고 말랭이와 피클과 심지어 참외 술도 담그지만, 그때는 오직 두고 먹을 찬거리가 우선이었다. 그러한 끝물 참외는 오래도록 어린 나를 키워냈다.

끝물처럼 외롭고 적적한 말이 또 있을까. 사전에는 만물의 반의어로 '과일, 푸성귀, 해산물의 마지막 수확이나 시절의 마지막 때'라고 명명하지만, 실생활에서는 어디 그런가. 지고 저물고 소멸해가는 생물들과 이미 일그러졌거나 시효를 넘긴 끝판의 물상에도 당겨쓴다. 끝물 딸기, 끝물 배추를 넘어 끝물 여름, 끝물 인생 그리고 끝물 풍경, 끝물 거래에도 갖다 붙이니 엄전한 국문학자들께 눈총을 받기도 십상이다.

제철이 아니라고 눈 흘김 당하는 세상의 끝물들을 생각한다. 끝물 참외를 먹던 시골 소녀도 어느새 쉰의 끝머리에 이르렀다.

허무한 끝물이라고 서러워할 일만은 아닐 터. 산다는 것은 끝을 향해 달려가는 일이니까 절정과 고비를 넘긴 기특한 것들이다. 끝물 참외가 장아찌로 거듭나듯이 극에 달한 끝물에도 잔광이 남아 있다. 때로는 죽은 나무줄기에서도 실눈 뜬 잎새를 발견하지 않는가. 그러니 떠나고 손 흔들기 전에 거품 꺼지는 것들의 잔심殘心을 한번 헤아려 볼 일이다.

편견을 버리면 사람이 보인다

≪아내를 모자로 착각한 남자≫
올리버 색스 | 알마 | 2016

어느 날 갑자기 내 몸이 없어졌다는 느낌을 받는다면 어떨까. 이보다 황당한 일이 있을까. 만약 왼쪽이라는 개념을 완전히 상실하는 게 가능할까. 그래서 화장도 반쪽만 하여 우스꽝스럽게 만들고는 정작 본인은 감지하지 못하는 일이 발생할 수 있을까. 또는 기억이 소멸되어 자기 자신마저 잃어버린다면 세상을 살아갈 수나 있을는지. 그런데 놀랍게도 모두 가능한 일이다. 정상이라고 여기는 사람들이 생각지도 못한, 실재했던 인간의 삶이 이 책 속에 담겨져 있다.

 범상치 않은 제목에 눈이 먼저 끌렸다. ≪아내를 모자로 착각한 남자≫라니. 저자인 신경과 의사 올리버 색스가 경험한 환자들의 이야기를 모았다. 그렇다고 단순한 임상 보고서나 의학 연구서가 아닌, 과학적인 것과 낭만적인 것이 어우러진 '아라비안나이트' 같은 단편적 서사가 펼쳐진다. 인간은 누구든지 병에 걸릴 수가 있다는 명제를 유추할 때 답은 크게 두 가지로 나뉜다. 그의 표현을 빌리자면 "반드시 다행스러운 결말이나 혹은 치명스러운 결말"이 따른다. 그 사실은 육체에 대한 중요성을 실감하게 만든다.

표제작인 '아내를 모자로 착각한 남자'는 성악가였던 교양 있는 P선생 이야기이다. 그는 뇌 중에서도 우반구 손상으로 시각인식 불능증이라는 진단을 받았다. 사람 얼굴이나 사물의 구체적인 형체를 지각하지 못하여 비상식적인 행동을 일삼게 되는 것이다. 회화가 구체화로 시작하여 비구상으로 다시 추상으로 변천하듯 눈앞에 놓인 모든 현실적 대상이 파괴되어가는 증세를 말한다. 나아가 아내의 얼굴뿐만 아니라 거울에 비친 자신의 모습조차도 알아보지 못하는 지경에 이르게 된다. 인간에게 '본다'라는 판단 능력이 삶의 지표를 어떻게 바꾸어놓는지 잘 보여주는 예라고 하겠다.

인간의 기억은 언제까지 거슬러 오를 수 있을까. 기억이 없는 인생을 인생이라고 부를 수 있을까. 과학이 발달한 먼 훗날에는 기억 일부를 삭제하는 기술도 개발될까. 때로는 바이러스에 걸린 컴퓨터를 포맷하듯이 지난 기억을 싹 다 지워버리고 뇌의 저장고를 '새로고침'하는 시대도 열릴까. 알코올로 인해 스무 살에서 기억이 딱 멈춰버린 '코르사코프증후군'에 걸린 환자의 이야기를 읽다가 문득 드는 생각이다. 환자는 이후 삼십 년을 더 살았어도 스무 살 이후의 삶은 분별하지 못하는, 앞으로의 생도 대부분 잃어버리게 될 허무한 인생이다. 그러니 현재에도 미래에도 항상 과거 속의 삶을 살아가야 하는 운명이다. 마치 살아 있는 화석과 같이.

그렇다면 내 팔과 다리가 붙어 있다는 것은 어떻게 인식하는가. 그것은 근육, 힘줄 관절 등 몸이 전달되는 고유감각의 흐름을 의식하기 때문이다. 그러나 일부 비타민에 들어있는 피리독신 성분이 원인으로 몸이 버젓이 있는데도 불구하고 '죽어버렸다'고 느끼는 증상이 발생하였다. 정신과 육체의 일체감을 완전히 상실한 것이다. 다리의 감각을 잃게 되자 놀란 환자는 싸늘하게 식은 자신의 다리를 침대 밖으로 내던지게 되었고, 그럴 때마다 자기 몸도 함께 바닥으로 떨어지는 것에 기분 나쁘다고 하소연하는 경우, 앞을 보지 못하는 뇌성마비로 태어나 평생 손을 사용하지 못하다가 자신의 팔다리를 진흙 덩어리로 생각하는 일, 반대로 손가락이 절단되어 이전의 손가락이 남아 있는 듯 환각통에 시달리기도 한다. 색스 박사 역시 산중 절벽에서 추락해 한쪽 다리 감각을 상실했던 경험이 있기에 예사로이 넘길 수 없는 문제였다.

'투렛 증후군'은 환자 자신이 자각한다는 점에서 비극적이다. 그들은 아주 어린 시절부터 진정한 인간이 되는 길을 방해하는 무시무시한 장벽에 직면한다. 과잉 감정으로 흥분 상태가 되는데, 그들의 괴팍하고 충동적인 행동들은 억제와 조절이 어려운 만큼 환자도 주변인도 긴장할 수밖에 없다. 그러나 그것은 인간의 존재로서 살고 싶다는 의지력이며 그것이야말로 인간이 지닌 가장 강력한 힘이라고 할 수 있다.

인간은 그 누구라도 섬처럼 고립적으로 존재할 수는 없다는 말을 떠올린다. '개체'다운 존재로 살아남아야겠다는 의지를 보인 사람들까지 '환자'라는 이름으로 부르는 게 옳은 일일까. 치매도 '즐거운 치매'가 있는 것처럼 쾌감중추가 자극되어 코카인을 흡입한 듯 기분이 너무 좋은 상태가 지속되는 '큐피드병'을 상상해보았는가. 원인이 매독이라는 것을 알기 전까지는 부러울 테지만. 정신발작 증세에도 즐겨 듣는 음악 몇 곡만 이명처럼 반복 재생되는 음악간질 환자도 인상적이다. 치료 후 "발작이 일어나서 행복했습니다."라고 회고한 환자의 말은 더더욱 감동적이고.

그동안 우리는 육체와 정신을 놓고서 얼마나 '고상한 정신'을 추구하고자 애를 썼는가. 동서양 종교에서도 정신은 육체보다 우월한 것임을 강조하였고 성인들은 몸의 고통을 통하여 고결한 정신을 깨달았다. 그러나 '자아란 무엇보다 육체적인 것이다.'라는 프로이트 말을 되새겨 본다면, 정신과 육체 중 어느 한쪽만이 독존할 수 없다는 사실을 인지하게 된다. 그러므로 고유한 각각의 개별 인격과 육체를 두고 정상과 비정상을 어떻게 가른단 말인가. 자신이 그 경계선을 구분 지을 만한 자격이 있다고 생각하는지. 의학적으로 '병적'인 진단을 받은 그들마저도 과연 비정상인가. 다만 조금 부족하거나 조금 넘치는 행동을 할 뿐, 온전한 인간이란 애초부터 존재하지 않는다는 사실. 그것을 이해한다면 타인이라는 대상에 닿을 수 있는 의식의 영토가 비로소 확장될 것이다.

자신이 병에 걸린 것을 모르고 있는 많은 환자처럼 이 글을 읽는 당신도 어쩌면 어느 부분에서는 지독한 병적 증세를 가지고 있을지도. 그럼에도 불구하고 병력이란 의미 없는 편견에 불과할 수 있다는 것이 이 책이 전하는 중요한 메시지이다.

유쾌한 기행에 대취하다

≪명정사십년酩酊四十年≫
변영로 | 범우사 | 2015

천하가 봄이다. 대취한 봄이 대지의 구석구석까지 붉게 번져 있다. 꽃과 나무조차 홍안이 되어 흔드니 가만히 있어도 봄바람에 취기가 인다. 호음가의 그림자도 밟지 못하는 내 주력이지만 꽃그늘에 앉아 술잔을 기울이고 싶은 마음만은 여느 주객酒客 못지않다.

예로부터 술과 문학은 하나의 길을 걸어왔다. 옛 문인들은 음주기飮酒記 몇 편쯤 거뜬히 기록하였고 포복절도할 주행의 에피소드가 한두 건 있어야만 문사의 반열에서도 더욱 돋보였다. 백주회白酒會를 만들어 하룻저녁에 백 가지 술을 즐겼던 양주동이 그러하였고 스스로 정한 주도 18단계로 주호酒豪의 단을 측정했던 조지훈,

향수병을 양주병으로 잘못 아는 통에 향수를 통째 들이킨 천상병 시인의 전설도 전해진다.

그러나 수주 변영로만큼 유쾌한 문인 호음가는 드물지 싶다. 선생은 음주 해프닝을 해학과 풍자와 기지가 담긴 필력으로 ≪명정사십년酩酊四十年≫ 수필집에 담아냈다. 제목에서 드러나듯이 '명정酩酊'이란 몸을 가누지 못할 정도로 곤드레만드레 취한 상태를 뜻한다. 천하의 술꾼인 수주의 주량과 주도는 대적할 자가 없었다. 그는 이미 다섯 살 때부터 한 길이 넘는 술독에 기어 올라가 도둑술을 마신 천성적인 모주꾼이다. 이후 그의 선친은 집에서 술상을 펼칠 때마다 막내아들인 수주에게 두서너 잔씩 건네었다고 한다. 부친에게서 조기 주법酒法을 수련한 수주가 주객의 길로 직진할 수밖에 없음은 당연지사라고 하겠다.

선생은 생전에 술이 천대를 당할 때 몹시 불쾌를 느꼈으며 술병의 술이 줄어들 때마다 생명이 토막토막 끊기는 듯한 비애를 감지했다고 고백했다. 애주 정도가 지나서 탐주耽酒, 익주溺酒 그리고 쾌음快飮, 통음痛飮 또한 고래같이 마시는 경음鯨飮 등을 반복하고 기상천외한 풍류행각으로 고난을 겪게 된다.

나는 그의 수필 중에서 술자리 풍경을 적나라하게 그려낸 〈백주에 소를 타고〉를 가장 좋아한다. 어느 날, 수주 선생의 집에 공초 오상순 시인, 성재 이관구 주필, 횡보 염상섭 소설가가 찾아왔다. 이른바 3주선酒仙의 내방에 주머니를 모두 털었으나 네 주당이 해갈하기에는 턱없이 부족한 금액이었다. 그래서 심부름하는 아이를 시켜 동아일보사로 편지를 보냈다. 편집국장이던 고하 송진우에게 부탁해서 원고료 50원을 선금으로 당기는데 성공을 한 것이다. 당시 일본인 순사 월급이 60원이라 했다니 원고료치고는 꽤 큰 금액이라 여겨진다. 수주의 표현대로 "우화 중의 업오리 금알 낳듯"한 거금을 거머쥐게 되었다.

이리하여 네 주당은 술과 고기를 사서 성균관 뒷산 사발정 약수터로 야유회를 나가게 되었다. 그런데 그들이 산 술은 쩨쩨하게 한두 병이 아니라 한 말 소주였다. 요즘 단위로 18리터이니 무려 작은 병으로 따져 50병이 나온다. 그때의 술은 지금처럼 낮은 도수가 아니고 독주라는 것을 감안할 때 일 인당 10병도 넘게 마셔댔을 것이다. 어마어마한 주량이 아닐 수 없다. 그들은 객담, 농담, 고담古談, 치담痴談, 문학담을 두서없이 즐기며 야유를 보내었다.

그런데 갑자기 맑은 하늘에 먹구름이 끼고 삽시간에 소나기가 쏟아졌다. 수주는 그날 산중 취우山中驟雨 장면을 대취大醉한 4나한裸漢들이 광가난무狂歌亂舞하였음을 고백했다. 먼저 공초 선생이 대자연과 인간 사이의 이간물離間物인 옷을 찢어 버리자는 제안을 했고, 천질天質이 비겁하지 않은 나머지 사람들도 이에 곧 호응하였다고 너스레를 떨었다. 흥취에 젖은 영웅호걸들이 비를 피하기는커녕 만세를 외치고 합세하여 옷까지 찢는 의기로 뭉친다. 폭우 속에 벌거숭이가 된 주당들은 기분이 고조되어 춤추고 노래하다가 급기야 소나무에 매여 있던 소를 타고 개선장군처럼 종로 거리로 진출하기에 이른다. 물론 대낮 누드 퍼포먼스로 시내 진입은 봉변으로 실패하고 만다.

후일 빈 국제펜클럽대회에 참석한 변영로는 세계 문인들 앞에서 유창한 영어로 이 이야기를 털어놓았다고 한다. 요절복통한 문인들이 즉석에서 수주에게 '동양의 버나드쇼'라는 작위를 내렸다고 하니 그의 주성酒性은 일찍부터 한류 바람의 불씨를 심어놓은 것이다.

자신을 발가벗겨서 타인을 웃긴다는 것은 대단한 용기이다. 현대 주당들이 아무리 흉내 내기에 돌입하더라도 식민지 시대의 진정한 풍류를 알고 살아간 변영로 선생의 경지에 이를 수 있겠는가. 어지간한 주호酒豪라도 수주 선생 앞에서는 묵사발이 되고 말 것이다. 참으로 진정한 자유인이다. 남성 문인이라면 어찌 이러한 기개가 부럽지 않을까.

수주의 글에서는 술꾼의 멋과 품격이 무엇인지 생각하게 된다. 대취 후 나신으로 소 등을 타고 음주운전을 한 그 시대는 문인文人의 풍류가 허용되었다. 이러한 명정이야말로 문인의 낭만이며 문학의 연장선이라고 치올리기도 했다. 만약 오늘날 문인이 술바람에 옷을 벗고 소를 탄다면 어찌 될까. 두말할 필요도 없이 신문 가십gossip거리가 되며 탈선 주벽으로 낙인찍힐 것이 틀림없다.

취하지 않고도 광태가 죽 끓듯 하는 야박한 세상이다. 주선酒仙을 넘어 주신酒神의 경지에 도달하더라도 시대가 허용치 않으면 한낱 광기狂氣에 지나지 않는다. 현세의 술 좋아하는 문인들이 풍류의 시대를 그리워하듯 나 또한 그러한 기인들의 낭만이 그리울 뿐이다. 지금쯤 수주 선생이 살아계신다면 당시의 치기 어린 광연을 탓하며, 만주벌판으로 나가 말을 타고 쌍권총을 든 독립군이 되지 못함을 개탄하고 있지나 않을까.

불주객인 나로서는 봄비에 젖는 벚꽃잎이나 바라보며 명문名文에 대취하여볼 일이다.

손가락 언어, 꽃으로 피다

≪오늘을 경매하다≫
신진련 | 책펴냄열린시 | 2019

배가 들어온다는 전갈을 받았다. 오십 톤급 고깃배 선주인 신 여사께 미리 경매 참관 연락을 해 둔 터이다. 요즈음 고등어는 금어기 기간이라 공동어시장의 경매는 쉰다고 했다. 그녀의 이번 어획량은 모두 자갈치위판장으로 보내어졌다.

어둠살이 번져 나는 시간, 찐득하니 항구의 밤바람이 불어온다. 항구의 새벽은 바다에서 시작하고 저녁 또한 바다로 저물어간다. 이곳 남항은 전국 최대의 어항이다. 하루에도 수많은 고깃배가 남항을 거쳐 인근 선착장으로 들어와 남포동 자갈치시장과 충무동 해안시장과 영도의 봉래시장 등으로 생선을 부려놓는다. 초저녁부터 어황을 싣고 온 운반선들이 해안가에 줄지어 늘어섰다.

어창에서 꺼낸 어획물은 대기하고 있던 수레가 운반하고 미리 입상되어 있는 것도 선별대로 이동시켜야 한다. 대기하고 있던 인부들의 장화 물결이 생선 상자와 함께 파도를 타듯 일렁인다.

상자에 채워진 물고기들이 줄줄이 바닥에 널브러졌다. 노조반 인부들이 장홧발로 찬 고기 상자가 선별 작업대 앞으로 가서 정확히 멈춘다. 어부의 손을 벗어난 생선들은 이제 작업반 아지매들을 만난다. 경매를 하기 전에 상품을 만들어서 미리 준비해놓아야 할 것이다. 위판장 아지매들이 어종별로 분류하느라 몇 시간씩 제대로 허리를 펴지도 못한 채 작업에 열중하고 있다. 손 감각만으로도 대여섯 상자에 크기를 나눠 척척 던져내는 손놀림이 가히 예술 급이다. 대부분 일생을 보낸 일터, 경력만도 이삼 십 년 넘는 고수들이 즐비하다. 그러니 시절이 좋든 나쁘든 생선 비린내와 함께한 세월로 자식들을 키워내고 어른들을 모시며 집안을 일구어온 억척 일꾼들이다.

시장 사람들은 봄꽃 흐드러진 이 계절의 수산물이 가장 맛있다고 귀띔한다. 선별을 거친 가자미 수백 상자가 바닥을 그득하게 채워나간다. 얼음을 뒤집어쓴 아귀, 한치, 쥐치, 먹갈치, 장어, 민어, 홍어, 우럭, 꽃돔, 눈볼대, 달고기, 물메기들도 연이어 위판장에 들어찼다. 모두 바다가 준 선물이다. 따로 저울에 달지 않아도 작업자들은 손대중 눈대중만으로도 중량을 맞춰나간다. 꾹꾹 눌러 담긴 새우도 있고 차곡차곡 빨래 개켜지듯 얌전히 포개진 가오리도 눈에 띈다. 커다란 참돔이나 광어는 한 상자에 한 마리씩

만 담긴 채 몸값을 자랑하기도 한다. 그 사이로 나란히 눕혀진 갑오징어들이 꿈틀꿈틀 얼음을 비집고 눈치를 살피며 도망갈 궁리를 하고 있다.

공동어시장 경매가 새벽을 연다면 이곳 자갈치 경매는 하루를 닫는 밤 열 시에 이루어진다. 남들은 퇴근하여 휴식에 들거나 하루의 피곤함을 달래고 곤히 잠에 빠졌을 때, 자갈치위판장에서는 시끌벅적 경매 준비로 분주하다. 경매가 시작되기 오 분 전, 일순 위판장은 긴장감으로 가득 찬다. 경매사가 울리는 요령 소리에 경매장에 흩어졌던 사람들이 모두 소리를 따라 이동한다. 위판장 가득 진열된 생선 상자가 어림잡아 이천여 박스는 될 듯하다. 경계 표시도 없는 생선 상자들이 구경꾼에게는 무질서하게 보일지 몰라도 이곳 사람들은 선주별 조업한 물량을 정확히 구분한다. 경매 참여자들이 속속 모여들고 사람들의 눈초리가 매서워진다. 전쟁 아닌 전쟁이 선포되었다.

경매는 먼저 들어온 배 순서대로 진행된다. 어종을 가운데 두고 경매사 주위로 사람들이 빙그르르 원을 그리며 둘러섰다. 붉은 모자를 쓴 오늘의 경매사가 특유의 카랑카랑한 목소리와 현란한 수신호로 경매 가격을 외친다.

– 일마이, 양마이, 삼마이야, 삼마이 이처이, 삼처이야!

옆에 바짝 붙은 속기사가 숫자를 적어나가고 보조 임무를 맡은 직원도 손과 눈으로 분위기를 제압한다. 경매사의 목청이 높이 찌르다가 다시 우렁우렁 리듬을 탄다. 그 소리가 마치 흑인의 영가

같이 구슬프기도 하고 후렴구를 랩처럼 속사포로 반복할 때는 흥겨운 유행가를 듣는 듯하다. 그 틈을 놓치지 않고 중도매인이 각자의 수지법으로 경매 신호를 보내고 있다. 치열한 눈치작전과 날카로운 신경전이 이어지고 저마다 좋은 물건을 좋은 가격에 사기 위한 작전에 돌입한다. 각자의 번호를 새긴 모자를 쓰고서 손가락을 들어서 흔들거나 접어서 바지춤 옆으로 옮기거나 안주머니에서 불쑥 펼쳐내면, 경매사는 재빨리 눈으로 가장 높은 가격을 훑고 낙찰 번호를 매긴다. 위판장에 쉴 새 없이 손가락 언어가 꽃을 피워올린다. 원하는 생선을 사지 못한 중도매인의 얼굴은 사정없이 일그러지고 좋은 고기를 낙찰받은 이의 기분은 최고조에 이른다. 재미있는 것은 경매사 앞에서 중도매인이 손가락 신호를 보내고, 또 중도매인을 마주 보고 상인들이 수신호로 주먹을 흔들어가며 물건값을 제시한다는 점이다. 소란스러움 속에서도 보이지 않는 시장의 질서가 지켜진다.

   삶에 지칠 때 시장으로 가라는 말이 있다. 퍼덕이는 물오른 생선과 상인들의 힘찬 목소리에서 잃었던 활력을 얻는다. 이곳 자갈치시장에 와서 아가미가 검붉은 먹갈치와 뱃살이 탄탄한 고등어를 고르고 뜨끈한 장터국밥 한 그릇이나 퍼덕이는 곰장어 구이라도 먹으면 시들했던 삶에도 기운이 돋게 된다. 무엇보다 저녁 경매 시간에 맞추어 위판장에라도 들르면 왁작박작 생기가 돋을 것이다. 상인들의 걸쭉한 팔도 사투리가 사람과 사람 사이로 스며들고, 인부들의 거친 육담이 도시인의 겉치레를 조롱하듯 위판장 바닥을 건너 몸을 불려 낸다. 그들이 내뱉는 욕설과 은어와 외설이 담긴 시장의 언어가 어쩌면 가장 자유로운 인간의 말이 아닌가.

서너 군데 경매가 끝나고 이번에는 신 여사네 생선들을 경매할 차례다. 그녀는 여릿여릿해 보여도 사십여 년간 자갈치에서 잔뼈가 굵었다. 그러기에 은빛 생선이 깔린 위판장을 한번 쓰윽 둘러만 봐도 어황 정보가 담긴 전광판을 훑듯이 오늘의 물고기 양과 선적해온 어황 가격을 가늠한다. 좋은 선장을 모시려면 배도 좋아야 하기에 어선 관리에도 빈틈을 보이지 않는다. 다행히 실력 있는 선장과 바지런한 외국인 노동자를 포함한 십여 명의 선원들 덕분에 요즘 같은 불황에도 잘 견뎌내고 있다. 고마운 일은 이제 갓 서른을 넘긴 외아들까지 가업을 잇기로 마음먹었다는 사실이며, 무엇보다 자갈치 일상을 엮어 시집까지 한 권 낸 어엿한 시인이다.

그녀의 앳된 아들이 경매사 옆의 선주 자리를 꿰차고 섰다. 오늘의 풍어는 단연 이 계절의 인기어인 가자미다. 신 여사가 내 옆에서 자신의 배에서 잡아 오는 수십 종의 가자미류를 알려 준다. 주로 물가자미가 어획량이 많은 편이고 기름가자미와 참가자미, 문치가자미, 홍가자미와 쫄깃한 식감에 고소한 맛이 일품인 '포항가자미'로 널리 알려진 용가자미도 있으며, 경상도 횟집에서 '이시가리'로 통용되는 어마무시한 가격의 돌가자미, 줄가자미 등이 있단다.

생각해보니 밥상과 친숙한 생선을 꼽으라면 결코 가자미가 빠질 수 없다. 가자미 미역국, 가자미 찌개, 가자미 조림, 가자미

튀김, 가자미구이, 가자미식해 등등…. 그러나 가자미는 뭐니 뭐니 해도 회가 최고이다. 문득 며칠 전 물회 집에서 주문하여 맛있게 먹은 '세꼬시'가 생각났다. 어린 가자미를 뼈째썰기한 것이 세꼬시인데 신 여사는 언제부턴가 세꼬시는 먹지 않는단다. 역시 선주답게 어린 물고기는 살려두어야 한다는 지론이다. 어느새 신 여사의 물량에도 낙찰된 번호표들이 꽂혀졌다. 젊은 선주의 표정이 썩 밝지 않은 것을 보니 오늘의 경매가가 신통치 않은 모양이다.

바다의 물고기가 육지로 올라와서는 값이 매겨진다. 저마다 제일 처음으로 부여받은 숫자를 시작으로 이동 장소에 따라 몸값이 올라갈 터. 위판장을 떠난 물고기들은 소매상과 시장을 거쳐 어느 집 밥상으로 또는 어느 횟집과 일식집 등의 식탁 위에서 사람들의 입맛을 맞추어줄 것이다. 눈앞에 보이는 싱싱한 물고기는 사고 싶어도 구경꾼들에게는 그림의 떡이다. 도매인들은 소매인에게 넘기고 가공업자에게 낙찰된 선어들을 공장으로 직행한다. 그러나 조금만 부지런하면 다음 날 새벽 여섯 시부터 여는 위판장 내 '선어 판매장'으로 가면 된다. 이곳에서는 새벽부터 잡아 온 아가미가 깨끗하고 살이 탱탱한 물고기를 도매와 소매 등 복잡한 유통과정 없이 저렴하게 구입할 수가 있다.

소란스럽던 경매장도 북적거리던 발길도 잦아들었다. 운 좋게도 신 여사가 챙겨준 싱싱한 가자미 봉지와 그녀가 틈틈이 쓴 시집 ≪오늘을 경매하다≫까지 덤으로 오늘의 구경꾼 손에 들려졌다. 하역이 끝난 고깃배들은 어느새 정박지를 찾아 떠나가고 푸른 밤바다에 열아흐레 달이 조용히 내려와 있다.

고독해도 고독하지 않은

≪산에 마음 기대고
바다에 영혼 맡기면≫
김열규 | 좋은수필사 | 2009

절대고독이라는 말이 있다. 모든 상대적인 고독을 뛰어넘는, 누구도 대신 해결해 줄 수 없는, 생의 끝까지도 결코 풀리지 않는 외로움이다. 오직 혼자 지고 가야 할 짐이기에 그것을 아는 자는 홀로 있어도 외롭다는 말을 하지 않는다. 오롯이 보듬고 그 속에서 까무러치든지, 아니면 고독과 함께 자신마저 멀리 내던져 잊어버리든지.

그러나 어리석은 인간은 정면승부로써 이겨 내려 안간힘을 쓴다. 물론 술과 놀이와 연애와 종교 등으로 잠시나마 고독을 외면할 수는 있겠으나 지나치면 영적 에너지까지 탕진하게 된다. 그러한 절대고독 앞에 엄혹하리만큼 오연한 태도를 보인 이가 있다. 죽거든 술독 아래 묻어 달라는 주당들이 들으면 혀를 차겠지만, 생전에 "내가 술집 따위에 갈까 보냐? 그런 걸로 거짓 위안 혹은 즐거움 따위를 구할까 보냐? 턱도 없다."라고 외쳐대던 국문학자이자 민속학자였던 김열규 교수이다.

평생을 강의와 연구와 집필에 몰두하였기에 70여 권의 저서를 남겼는데, 서강대 교수직을 그만두고 경남 고성군 하일면 송천리로 귀향하여 곤충과 동물과 풀과 나무와 하늘과 바다와 나눈 마음을 집약한 글이 바로 ≪산에 마음 기대고 바다에 영혼 맡기면≫이라 할 수 있겠다. 서두부터 "왜 글 쓰냐면 웃지요."라고 너스레를 떨지만, 그가 철저히 리얼리스트들을 배격하고 순수문학만을 지향한 작가정신은 완고했다. 임종 하루 전날까지 "나만의 나만을 위한 나의" 원고를 썼을 만큼 책 읽기와 글쓰기를 지상의 천국살이로 여겼다.

내가 그를 처음 대면한 것은 이십 년도 훨씬 전, 인제대학교에 개설된 문학 강의를 수강하면서부터였다. 당시 선생은 강의실에 들어설 때마다 도시의 먼지를 경멸하듯 찡그리고서는 손바닥으로 얼굴을 반쯤 가리고 나타났는데, 시골 소도시의 촌티 묻은 수강생들은 그의 고매한 학문과 고답적인 정신과 현학적인 소양 앞에 늘 기가 죽었다. 특히 한국인의 역사주의에 대한 강한 반감을 드러내면서 오늘날 정치와 경제가 지배적인 세력이 되어가는 것에 큰 우려를 보았다. 그러면서도 직접 드립핑한 하와이 코나커피와 클래식 음악으로 하루를 열고, 유기농 수제 빵을 사러 한 시간 장거리 출타를 하며, 해외 직구한 영국산 얼 그레이 티로 오후를 보낸 다는 호사로운 취미에서는 그의 문학적 정신과는 사뭇 비켜나는 것만 같아 낯설었다.

'나는 어릴 적부터 사람의 말에 서툴렀다. 그러나 별과 바람의 소리에는 무척 귀 익어 있었다.'는 횔덜린의 시구처럼, 어쩌면 문학과 학문에 몰입하고자 복잡한 세상사쯤이야 억지로 외면했는 지도 모를 일이다. 이 책에는 생물과 사람과 자연에 대한 무한한 경외의 마음이 이어진다. 그러기에 뜰 안 무단침입한 고라니와 오징어 도둑인 족제비와 문어 새끼와 새끼염소와 찌끼미라 불리던 구렁이까지도 더불어 사귀며 세상에는 사람만 사는 곳이 아님을 강조한다. 그에게 식구가 몇이냐고 묻는다면 어김없이 "그 얄팍한 종이 한 장에 찍히는 이름 석 자로만 식구를 따질 일이던가?"라고 반문한다. 당연히 그의 식구란 딱새, 박새, 동박새, 곤줄박이 등의 날짐승과 다람쥐, 청설모 등의 뜀짐승과 뱀과 구렁이 등의 길짐승도 뺄 수 없으니까.

그는 도시에서 사라져가는 '이웃'이라는 말로 마을 사람들을 흠모힌다. 홀로 사는 노인의 독채 집 전등 불빛을 가리켜 어둠을 물리치려는 것이 아니라 "어둠과 화해하기 위해" 컨다는 숭고한 인식을 보이고, 한여름 뙤약볕 아래서 풀 매는 마을 노파의 "일이 낙樂"이라는 단어를 화살 같은 경구로 여기며, 벙어리 부부의 나무 작대기가 동네 담장을 두들기는 높낮이를 듣고도 그들의 심정을 단박에 알아차린다. 그러니 마을을 둘러싸고 있는 자란만의 섬들도 "통이 크고 알이 배었"음을 읽어내고, 뒷산 선바위 벼랑도 태산 준령이 된다. 그러한 눈 트임이 몽돌밭 바위 바닥조차 "선문繰紋의 만다라"가 펼쳐진 석물 미술관으로 풀이해 낼 수 있는 것이다.

사람들은 그의 시골살이를 두고 미국 유학 시절 일든 호숫가를 거닐며 소로우처럼 자연적 삶을 살겠노라고 다짐한 연유와 연결 짓지만, 더 큰 배경은 정신적 지평의 확장에 있다. 그는 현대인의 집단 이기심을 극도로 싫어하였다. 뭣이든 한쪽의 편을 들지 않겠다는 신념은 세기의 철인 에라스무스의 예화로써 인용하였다. 에라스무스가 말년에 고향 로테르담에 은거할 때 추종자들이 그의 거처를 묻자 로테르담 시민들은 한결같이 답변하였다. "우리들의 에라스무스요? 그는 늘 혼자입니다. 그를 만나시려면 저 숲속의 오솔길에 가 보십시오. 거기 혼자 거닐고 있을 테니까요."

그가 외딴 구석진 마을까지 낙향한 것도 평소 '우리'를 울안에 가두면 "좁쌀들의 패거리"가 되고 만다는 생각이었으니, 순수 언어에 대한 열정으로 죽을 때까지 학자이고자 했던 에라스무스와 같은 마음이 아니었을까. 사립짝이 스물네 시간 활짝 열려 있는 마을에서 스스로의 경계를 울 바깥으로 넓히고 '남과 나'의 관계를 생각하지 않았을까. 그러나 무엇보다도 그에게 '호랑이는 무리 지어 다니지 않는다.'는 이미지가 오버랩되는 것은 어쩔 수 없다.

곧 그의 10주기가 다가온다. 그가 작고하기 몇 달 전에 몇몇 지인들과 함께 송천리 댁을 방문했다. 마지막으로 뵈었던 그때도 육신은 노쇠하였지만, 산천을 꿰뚫는 산군山君의 눈빛만은 여전히 형형하였다.

해변열차는 달리고

≪한 사람을 나보다 더
사랑한 적 있는가≫
천양희 | 도서출판 작가 | 2003

모처럼 기차역으로 마중을 나갑니다. 멀리서 손님 몇 분이 부산 여행을 오기로 한 날입니다. 이틀간 함께할 여정을 짜는 일이 이렇게 설렐 줄 몰랐습니다. 생각해보니 내게 손님이 찾아온 일도 내가 찾아간 적도 가물가물 기억 저편에 있으니 당연히 반가울 수밖에요.

해수욕장 개장 시기가 겹쳐 바닷가 숙소는 어림없었어요. 지인에게 부탁하여 외진 군인 숙소 두 개를 겨우 턱걸이로 잡은 것도 감지덕지했습니다. 그러나 부산이 어떤 곳입니까. 음식과 경치만은 은하계 최고로서의 진수를 느끼게 해 주고 싶었습니다. 싱싱한 해산물에 미각이 돋고 탁 트인 바다 풍경에 감성이 흔들린다면 초청자로서의 임무는 절반 이상 완수했다고 자평할 수 있겠지요. 물론 자투리 시간을 이용하여 오륙도와 야외 미술관 관람도 곁들였지만요.

그런데 말입니다. 기차를 타고 온 그들에게 나는 왜 또 다른 기차를 태워주고 싶을까요. '떠나간 기차를 용서하라'던 정호승 시인과 '인생이 먹먹한 사람은 기차를 타라'던 이성진 시인과 '너라는 종착역으로 달려야 할 나의 기차'를 고민하던 안재동 시인을 떠올렸기 때문일까요. 강릉에서 삼척까지 동해안을 눈에 담는 '바다열차'가 있고, 인천 월미도에는 국내에서 가장 긴 모노레일인 '월미바다열차'가 유명하다지만, 부산에도 차창 가득 푸른 바다가 넘실대는 '해변열차'가 달리고 있지요. 어쨌든 기차가 주는 이미지에는 만남과 이별과 설렘과 두려움이 담겼으니 저마다의 추억을 되새겨보는 것도 의미 있는 일이겠지요.

상념에 잠길 동안 객차의 승객들이 우르르 빠져나옵니다. 나는 일행들과 이산가족 상봉하듯 뜨거운 포옹과 격렬한 악수로 재회의 감격을 나누었어요. 누군가 한국전쟁 때 수많은 피난민의 애환이 서린 부산역을 떠올리는지 지금의 화려한 역사를 휘휘 둘러보며 감탄에 젖었어요. 옛노래나 영화와 책에서 화통의 검은 연기를 마시며 필사적으로 매달린 피난 열차의 종착지였음을 상기시켰을 겁니다.

갈 곳 없는 피난민들이 정차된 무개화차, 기름 탱크가 실린 유조화차, 석탄을 실은 상자형 화차 칸과 지붕 높은 화물 곡간차에

숨어 화차살이를 하던 때가 있었지요. 잠결에도 화차가 움직이면 목숨을 걸고 뛰어내려야 했던 그 시절 비화를 요즈음 사람들은 얼마나 알고 있을까요. 지인들을 태우고 부러 부둣길을 돌아 실향민들의 터전인 감만동 소막마을 쪽으로 향했어요. 그곳을 지나면서 옛 화차가 다니던 우암철길이 이제는 녹슨 폐선이 되어 덩그렇게 남은 역사의 광경을 한 번이라도 보여주고 싶었기 때문이죠.

발품을 팔아가며 예약한 음식점들의 식사는 기대 이상이었습니다. 전복과 해삼과 멍게와 농어, 우럭, 도다리, 게르치, 가자미, 감성돔이 서울 사람들은 감히 상상하지 못할 착한 가격으로 차려졌습니다. 여행의 품격을 부산의 입맛으로 올렸으니 이제는 바다 풍광으로 눈맛을 즐길 차례지요.

짐작하셨다시피 예약한 시간에 맞춰 해변열차 승강장으로 향했습니다. 한국에서 가장 아름다운 철길 구간 중 한 곳이었던 옛 동해남부선을 기억하는가요. 일제강점기에 건설되었지만, 십여 년 전에 부산 장산을 관통하는 터널 구간의 복선 전철이 뚫리며 폐선이 되고 말았지요. 팔십여 년간 상인들이 기장 쪽파를 동래역까지 실어 날라 그 유명한 동래파전이 탄생되었다는 역사가 깃든 곳. 구 선로를 복원하여 미포에서 정사포를 거쳐 송정에 이르는 구간까지 해변열차와 스카이 캡슐을 동시에 개통하였습니다. 그래서인지 미포정거장 입구에 기다랗게 세워진 파 가로등도 의미 있게 다가왔지요.

출발지인 미포정거장은 해운대해수욕장의 끝단에 있습니다.

미늘 또는 미암이라고도 불렸던 이름 '미포'는 인근 와우산의 꼬리 부분에 해당되는 갯가라 하여 붙여졌지요. 우리는 고개만 들면 내려다보고 있는 백 층짜리 엘시티 건물을 뒤로하고 바다 열차에 탑승했습니다. 마치 옛날 입석 버스같이 좌석은 바다로 향해 길게 2열로 배치했더군요. 통유리 창문에 정면으로 바다를 마주 볼 수 있으니 승객들 모두 로열석에 앉게 되겠군요. 미처 자리를 잡지 못해 입석으로 가더라도 풍경은 공평하겠으니 큰 불만은 없을 거예요.

드디어 출발합니다. 앞으로 나아가야 하는 열차가 천천히 게걸음을 치듯 옆으로 걷습니다. 파란 하늘과 바다가 숨 쉬는 곳이라는 슬로건처럼 두 칸짜리 해변열차가 느릿하게 달렸지요. 아니, 풍광을 감상하기에 딱 적당한 속도라고 해야겠군요. 어쩌면 기차가 달리는 것이 아니라 커다란 와이드 화면에 롱테이크로 촬영된 영화의 한 장면이 서서히 지나가는 착시도 입니다. 그러니 고층 빌딩을 밀어내고 바다를 펼쳐내는 창밖은 거대한 세트장이 되었습니다.

열차는 조용했어요. 배터리충전방식이 이유라고 하니 옛날의 증기기관차가 덜커덩대던 쇠바퀴 소리와 아득한 기적 소리가 문득 그리워지기도 했습니다. 완행열차를 탔던 경험이 떠오르더군요. 화장실을 다녀오고 나면 자리는 어느새 다른 사람이 앉아서 졸고 있었지요. 젊었을 때였으니까 굽 높은 뾰족구두를 신고서도 꼿꼿이 서서 다섯 시간을 견뎌내었지요. 그날 낯선 도시의 역전에서 먹었던 짜장면 맛은 아직도 또렷한데 나머지 기억은 플랫폼을 빠져나가는 기차의 검은 연기같이 아득해져 버렸어요.

첫 번째 역인 달맞이터널을 지나는군요. 이 구간은 북한 간첩선이 침투하여 군사 지역으로 통제하던 곳인데 삼십여 년 만에 처음으로 일반인에게 공개되었어요. 어릴 적 제가 살던 시골에서는 터널을 굴다리라고 불렀지요. 그때의 굴다리는 요즘처럼 길고 튼실하며 조명까지 있는 환한 길이 아니었어요. 밤길에 지나가면 소복 입은 귀신이라도 버티고 있을 듯이 시커멓고 음침한 동굴길이었는데, 달맞이터널이 꼭 옛날 굴다리를 연상시켜서 웃음을 머금게 하는군요.

초록 소나무 숲을 따라 문탠로드 길도 바다로 흐르고 있습니다. 달빛에 젖은 길이라니 얼마나 감미롭습니까. 방송국에서도 탐을 내어 아름다운 배우 송혜교 씨가 나오는 어느 드라마의 엔딩 장면 무대로서도 이름을 올렸지요. 그러나 나는 드라마 촬영지에 눈도장을 찍기보다는 최근 달맞이고개에 멸종위기종인 붉은여우가 나타났다는 소식이 맴돌아 자꾸 두리번거렸어요. 소백산에 방사했던 개체 가운데 한 마리가 넘어왔다고 하더군요. 뾰족한 얼굴과 큰 귀, 검은 발에 긴 꼬리를 가진 작은 동물이 왜 하필 여기까지 수백 리를 걸어 장거리 여행을 왔을까요. 탁 트인 바닷길은 인간뿐만 아니라 동물에게도 매력적인 곳으로 인식될 것 같군요.

열차가 내달립니다. 다음은 해안선이 반달처럼 휘어져 있는 청사포가 되겠군요. 해운대와 송정 사이, 예전에는 이 길을 '삼포해안길'으로 불렀다지요. 해운대해수욕장 끄트머리의 미포와 달맞이고개 아래의 청사포, 그리고 송정해수욕장의 구덕포까지 이어지는 포구길이었으니까요. 청사포마을의 고즈넉한 풍경도 해변열차에서 내려다보는 백미라고 할 수 있습니다. 분명 번잡한 해운대 구임에도 불구하고 미포가 도시 속의 어촌이라면 청사포는 시골 해안 작은 갯마을 같다고나 할까요. 시간이 넉넉하지 않으니 해변 포차에서 유혹하는 조개구이는 다음 기회로 미루어야 하겠습니다.

철길 옆으로 나무 데크 산책로가 이어집니다. 사계절 다른 바다와 열두 달 변하는 풍경을 보며 걷는 여유를 누리겠지요. 어깨 너머로 기차가 지나갈 때면 "세상에는 얼마나 많은 정거장이 있는지/ 나는 얼마나 많은 정거장을 지나왔는지/ 얼마나 많을 정거장을 지나간 기차였는지/ 얼마나 많은 기차를 지나갔는지(천양희의 〈기차〉 일부)"라는 구절이 저절로 떠오르겠지요. 걷다가 지치면 열차를 타고 출발지로 돌아가면 되겠군요. 인생길도 단 한 번만 되돌아갈 수 있다면 사무치게 후회되는 변곡점을 수정할 수 있을 텐데. 기찻길 풍경이란 언제나 지나고 나서야 더욱 선명해지는군요.

일행들은 청사포 다릿돌전망대에서 내리기로 합니다. 청사, 푸른 모래라는 이름에 걸맞게 이곳 수호신인 푸른 용을 형상화한 매끄러운 곡선의 공중 다리가 바다를 향해 길게 뻗었습니다. 바다 가운데는 청사포의 상징인 붉은 등대와 흰 등대가 우람하게 솟았습니다. 저 멀리 해변열차 위로 붉거나 초록빛이거나 노랗고 푸른 스카이캡슐이 공중 철길로 달리고 있네요. 모두들 사진 찍느라 여념이 없군요. 자연도 사람도 눈부시게 아름다운 모습입니다.

이제 해변열차는 구덕포를 지나 종점인 송정정거장에 다다를 것입니다. 그곳에 가면 일제강점기 때 지어진 구 송정역을 리모델링한 소박한 간이역 송정정거장도 만나볼 수 있겠지요. 간이역. 누군가 떠나간 자리가 남아 고독하고 쓸쓸한 역사. 그러나 가슴 설레며 기다리던 기억도 아련한 곳. 이번 만남 역시 삶이라는 기차를 타고 가다 잠깐 내린 낯선 간이역 풍경으로 남을 테니까요.

우리는 송정해수욕장 근처 해변 카페에서 느긋하게 시간을 보내다가 석양이 내려올 즈음에 다시 이 열차를 타고 되돌아올 예정입니다. 운이 좋으면 초사흘 달이 서녘 바다에 내려앉는 귀한 장면을 마주할 수도 있겠지요. 생이란 늘 느닷없는 풍경 속으로 환승하는 일이니까요.

제3부

- **상상을 상상하다**
  - 가스통 바슐라르 《물과 꿈》

- **사전을 읽다**
  - 말모이 편찬위원회 《말모이》

- **무한한 질문과 대답**
  - 이진경 《철학과 굴뚝청소부》

- **이것이 있으므로 저것이 있게 되고**
  - 김애자 《젊은 생명이다》

- **이름을 부른다는 것은**
  - 박준 《당신의 이름을 지어다가 며칠은 먹었다》

- **지금, 여기에 있는 유토피아**
  - 미셸 푸코 《헤테로토피아》

- **지뢰를 밟다**
  - 조너선 로젠봄 《에센셜 시네마》

- **미스 에세이**
  - 김정화 《미스 에세이》

- **오직 장미꽃 한 다발**
  - 김영민 《아침에는 죽음을 생각하는 것이 좋다》

- **영원한 노스탤지어, 바다**
  - 김동규 《바다의 기억》

상상을 상상하다

≪물과 꿈≫
가스통 바슐라르 | 문예출판사 | 2012

상상력은 인간의 능력을 무한하게 만든다. 상상의 세계에서는 물고기가 천공을 날고 심해에서 독수리가 생존하며 거인의 방뇨로도 강이 탄생한다. 때로는 상상이 현실이 되기도 하지만 현실을 넘어서야만 상상의 공간에 다다를 수 있다. 불가능도 가능하게 만드는 상상은 어디에나 존재하지만 아무 데도 존재하지 않는 곳에 있으므로, 비전의 눈을 뜨려는 자의 곁에 오롯이 머물게 된다. 이러한 상상력을 원천으로 작품을 창조하는 자가 예술가이다. 그들의 이미지에 상상이 더해지면 회화가 되고 음악이 되고 문학 작품이 탄생한다.

인간의 원초적 인식기능이 상상력이지만 파스칼이나 사르트르의 시대에는 이성 중심의 논리에 밀려 배척 대상이 되었다. 그러나 바슐라르에 이르러서는 새로운 이론들이 도입되면서 상상력이란 인간의 삶 그 자체임을 인지한다. 78년의 생애 중에 25권의 저서와 50여 편의 논문을 발표한 바슐라르는 금세기의 시인 가운데 가장 훌륭한 철학자, 철학자 가운데 가장 훌륭한 시인으로 평가되고 있다. 그는 상상력이야말로 이성으로 설명할 수 없는 것을 경험할 수 있다고 믿었으며, 인간의 상상력은 만물의 근원인 자연에서 생성된다고 주장하였다.

바슐라르는 고대 철학자 엠페도클레스의 인식론에 기초하여 세상의 이미지를 물, 불, 공기, 흙 네 가지 원소로 나누었는데 그중 물의 속성을 파악한 책이 ≪물과 꿈≫이다. '물질의 상상력에 관한 시론'이라는 부제가 붙어 있듯이 인간의 꿈은 본질적으로 물질적인 것이라 주장한다. 그가 문학 이미지를 연구하면서 작가들도 이 네 가지 원소 중 하나와 연결되어 있다고 생각했다. 작가는 자신이 애호하는 원소를 가지고 있으며 무의식적으로 작품에 반영된다는 것이다. 예를 들면 호프만의 작품은 불의 내용이 많고, 니체의 경우 대지의 이미지가 강하며, 에드거 앨런 포에게는 물의 의미가 짙다. 오늘날 작가들도 자신이 비와 안개와 강과 바다의 소재에 천착하였는지, 산과 들과 길에 대해 많은 이야기를 했는지, 주로 바람과 향기와 냄새의 기억을 떠올렸는지 구분하여 자신의 물질을 찾아보는 것도 흥미로운 일이겠다.

물은 인간에게 철학과 사유와 사상을 낳게 하는 존재라고 할 수 있다. 그가 서문에서 "나는 작은 골짜기가 많기 때문에 발라주라 불리는 샹파뉴 지방의 한 모퉁이, 강과 시냇물의 나라에서 태어났다. 내게 있어 가장 아름다운 장소는 골짜기의 움푹 파인 곳이나 맑게 흐르는 물가, 수양버들의 짧은 그늘 속에 있었다."라고 고백하였듯이, 바슐라르에게 물이 흐르는 고향은 상상이 흐르는 강의 이미지로 존재한다. 그러고 보니 '흐르다'라는 속성은 시간의 흐름과 맥락이 닿아 있다. 물의 세계가 한순간도 정지하지 않듯이 흘러간 시간도 다시는 돌아오지 않는다. 인간 역시 흐르는 물의 운명을 지녔기 때문에 헤라클레이토스가 "사람은 같은 강에서 두 번 목욕하지 않는다."는 경구를 남긴 것은 아닐는지.

인간의 상상은 어디까지 가능한 것인가. 기억과 회상만으로도 상상의 이미지를 만들 수 있겠지만, 진정한 상상은 한 번도 경험하지 못한 세계를 창조해내는 일이겠다. 물의 이미지 또한 누구나 체험하는 보편적인 물질이지만 결코 누구도 동일한 물을 체험하지는 않는다. 물의 이미지가 등장한 예술 작품이 미치는 파장도 제각각 다를 것이다.

언젠가 이란 영화 '물의 꿈'을 본 적이 있다. 물이라고는 없는 사막의 땅에서 노인이 어린 손녀를 지하 우물과 결혼시킨다. 우물의 신부가 된 소녀는 수십 미터 바닥에 갇힌 채 노인이 두레박 속에 먹거리를 내려주면 그 두레박에 우물물을 담아 올려보낸다. 도시 청년의 도움으로 지상까지 탈출하였으나, 스스로 우물 신부가 되어 다시 지하의 세계로 내려가고 만다. 영화의 모티프가 신화의 재현인지 감독의 상상인지 나는 알지 못한다. 그러나 분명한 것은 내가 한 번도 상상해보지 못한 서사에 전율을 일으켰다. 이처럼 타인의 상상력이 비추는 세계에 '나'를 던져 넣으면 새로운 이미지를 더한 '나'가 탄생된다는 사실이다. 그것이 영화이든 음악이든 문학이든 상관없이.

바슐라르는 상상의 가지를 '접목接木'이라 명명한다. 상상력은 언제나 기본 바탕에 여러 작은 가지를 접목시킬 때 풍성해진다. 그가 물의 이미지를 크게 '부드러운 물'과 '난폭한 물'로 분류하고, 부드러운 물의 물질적 상상력을 맑은 물과 깊은 물과 복합적인 물로 접목시키는 것도 같은 이치이다. 다시 말해 '부드러운 물'은 시냇물이나 강과 같이 우리 곁에 있고 감각적이며, 인간의 상상 세계를 지배하여 쉽게 몽상으로 이끈다. 반면 '난폭한 물'은 분노를 지니며 광대한 대양의 파도처럼 파괴적 성격을 띤다. 물의 이중성은 선과 악으로 대립되어 인간의 감정을 결부시킨다는 것이다.

그가 주장하는 맑은 물은 사랑스러운 봄의 물과 같은 것으로 강력한 거울 이미지로 설명된다. 맑은 샘물은 살아있는 거울이 되므로 물속에 자신을 비춰보는 나르시시즘의 객관적인 조건이 된다. 그러므로 스페인의 극작가 라몽은 "거울 속에 익사한 많은 사람이 있었다."는 글귀로 상상력을 돋우었다. 깊은 물에 대해서는 잠자는 물로써 죽음의 이미지를 찾는다. 나아가 그리스 신화에 나오는 황천길 뱃사공인 카롱의 예를 들었다. 망자들이 저승으로 가려면 반드시 카롱에게 뱃삯을 내야 한다. 죽은 자의 영혼을 태워 죽음의 강을 건너게 해줌으로써 물에 대한 상상력은 두려움의 요소로 작용한다. 이때 죽음이라는 문제가 바슐라르를 괴롭힌다. 그는 죽음을 실어 나르는 관은 절대로 '마지막 배'가 될 수 없음을 강조하며, 죽음이란 '마지막' 여행이 아닌 '최초의 여행'일는지도 모른다는 생각을 제시한다.

인간에게 죽음은 여행이며, 여행은 죽음인 것이다. 그러므로 강의 흐름을 따라갈 때, 시간의 흐름을 좇아갈 때, "출발하는 것, 그것은 조금 죽는 일이다."라는 결론을 도출해낼 수 있게 된다. 바슐라르에 의하면 "오로지 죽음의 항해자만이 그지없이 꿈꿀 수 있는 사자死者"가 될 수 있는 것이다. 그것이 공동묘지에 사는 사자와는 전혀 다를 것이기에.

사전을 읽다

≪말모이≫
말모이
편찬위원회 | 시공사 | 2021

사전 읽는 재미에 푹 빠졌다. 그것도 평소처럼 휴대전화 앱을 클릭하는 것이 아니라 종이책에 죽죽 밑줄 그어가며 되읽는다. 예전의 작은 글씨 사전은 침침해진 눈을 핑계로 접은 지 오래지만, 요즈음에는 크고 굵은 글자가 새겨진 단행본 사전들이 줄간되어 훨씬 읽기 수월해졌다.

그중 사투리를 그러모은 탯말 사전이나 토박이말을 흐벅지게 담은 우리말 사전 앞에서는 닭은 방울눈을 하고서 오래도록 들여다본다. 외래어와 신조어가 난무하는 세상에서 사라졌던 옛말이나 어릴 적 토속어가 한 뼘 낱장 속에 얌전히 박혀있는 것이 경이롭기까지 하다.

허옇게 엉긴 찌끼를 가리키는 '버캐' 같은 낱말이나, 진짜라는 뜻을 가진 '에나'라든지, 강한 긍정의 말인 '하모'나, 똑바로 또는 제대로를 의미하는 '메메'와 '단디'라는 말은 유년 시절에 그림자같이 따라다녔다. 마루 밑 요강에는 오줌버캐가 껴 있었고 시골 조무래기들 입가에는 허연 침버캐가 붙어 있기 일쑤였다. 나는 말끝마다 "에나가?"라는 말을 후렴처럼 달고 다녔고 친구들은 "하모"라는 추임새로 맞장구를 쳤다. 어른들이 자주 쓰는 "메메해라."는 격려와 지청구로, "단디해라."는 위로와 응원이 담겼지만 음의 높낮이에 따라 해석은 매양 달라졌다. '맟줄이'라는 고향 선배 이름이 닻줄처럼 길고 튼튼하게 자라라는 뜻이라는 것도 이번에 사전을 뒤적이다가 처음 알게 되었다.

표준어보다 더 정감이 가는 사투리는 옮겨 놓는다. 할퀴다를 '까래비다', 예쁘다를 '새첩다', 졸립다를 '자부럽다', 가볍다를 '해꼽다'라고 하는 경상도 말과, 몹시 더운 느낌을 '뜨얏뜨얏허다', 자지러지게 놀란 것은 '잘급허다', 재미있다는 뜻의 '호숩다', 그다지 훌륭하지 못한 것은 '히딱하다'라는 전라도 방언과, 가무스름한 것을 '깜초하다', 쉰내가 나는 것을 '쉬쉬하다'라고 일컫는 강원도 탯말과 간장게장을 '께꾹'이라 부르는 충청도 사투리는 혹여 잊힐까 봐 애가 탄다.

일부 사전 부록에는 문학 작품 속에 나오는 우리말을 따로 정리하였거나, 길과 비와 바람과 잠의 종류 등을 친절하게 모아놓기도 하였다. 일례로 몸을 나타낸 말만 살펴봐도 한글의 과학성에 탄복하게 된다. 팔꿈치나 무릎 안쪽의 오목한 부분을 팔오금과 다리오금이라 하는데 오그라진 곳이어서 '오금'이라 부르고, 신장은 생김새가 콩과 같고 색깔이 팥과 비슷해서 '콩팥'이며, '장딴지'는 짱짱하고 딴딴해서 이름 붙였다는 설도 재미있다.

내가 좋아하는 이상국 시인의 '쫄딱'이라는 시가 있다. "…예닐곱 살쯤 계집아이에게/ 아빠는 뭐하시냐니까/ 우리 아빠가 쫄딱 망해서 이사 왔단다/ 그러자 골목이 갑자기 넉넉해지며/ 그 집이 무슨 친척집처럼 보이기 시작했는데/ 아, 누군가 쫄딱 망한 게/ 이렇게 당당하고 근사할 줄이야" 시인은 '쫄딱'이라는 한 방의 말로 모든 상황을 정리해버렸고, 독자는 읽을 때마다 내 일인 양 위로받는다. 말의 힘이다.

이쯤 되니 불과 삼십대 때 지병으로 타계한 김소진 작가를 떠올리지 않을 수 없다. 그는 청년 시절 우리말 사전 한 권을 통째로 필사하고 외운 낱장을 '씹어 먹어가며' 공부했다고 한다. 그의 소설에 맛깔나는 고유어 사용이 돋보였던 까닭이다. 사전의 위력은 영화로도 이어졌다. 우리말 사전을 다룬 영화로 관객을 모은 '말모이'는 고추장 하나만 가지고도 '꼬장, 땡추장, 꼬치장, 꼬이장, 꼬추장….' 등 팔도의 말을 분별하였으며, 최근 옥스퍼드 사전 편찬 실화를 담은 영화도 인기리에 상영 중이다.

말맛은 또 글맛을 깊어지게 한다. 반드시 문장을 생산하는 글 노동자가 아니더라도 거룩한 우리말에 관심을 가져볼 일이다. 심심할 때 지인들과 백지 한 장에 얼굴 그림이라도 그려놓고 우리말 짜장면 내기라도 해 보시라. 눈만 보더라도 눈썹, 눈꺼풀, 눈동자, 눈망울, 눈구석, 눈굽, 눈귀, 눈살, 눈시울, 눈자위, 눈지방, 눈초리, 눈허리, 눈확 정도를 적을 수 있다면 이미 승부는 판가름이 났다. 아시다시피 비법은 언제나 사전 속에 있으니까.

무한한 질문과 대답

≪철학과 굴뚝청소부≫
이진경 | 그린비 | 2005

인간의 눈은 항상 무엇인가를 바라본다. 우리는 '본다'라는 개념을 어떻게 정의하고 있는가. 사전적 해석으로는 망막에 비치는 상을 알아차리는 것이지만 실제로는 각자 길들여진 시각으로 대상의 이미지를 지각하는 일이다. 그러면 자신이 눈으로 인식한 것이 사실일까. 다시 말해서 자명하다고 믿고 있는 진리가 참이라는 확신은 어디서 찾을 수 있을까.

저자 이진경(본명 박태호)은 그 유명한 '굴뚝 청소부 이야기'로써 문제를 설정한다.(57쪽) —우리는 이미 조세희의 〈난쏘공〉을 통해 그들을 만났다.— 두 명의 굴뚝 청소부가 각각 청소를 하고 난 뒤, 한 사람은 얼굴이 깨끗하고 다른 사람은 시꺼멓게 얼룩졌다. 누가 세수를 하겠는가. 잘 알려진 답은 흰 얼굴의 청소부다. 상대방의 얼굴을 보고서 자신도 그러리라 생각하기 때문이다. 과연 그 대답은 맞는가. 굴뚝 청소 후 더러워지지 않는 얼굴이 있을까. 증명해 줄 제삼자도 없이 둘만의 판단으로 얼굴 상태를 확인할 길이 없다. 이로써 근대철학이 주제와 대상을 통한 진리 찾기에서 출발한 것이 딜레마였다는 저자의 의도를 엿보게 된다.

다른 예로 벨기에의 초현실주의 화가 르네 마그리트의 '이미지의 배반'이라는 그림을 살펴보기로 한다.(258쪽) 캔버스에 파이프가 하나 그려져 있고, 그 밑에 "이것은 파이프가 아니다. Ceci n'est pas une pipe"라고 쓰여 있다. 분명히 파이프를 그려 놓았는데 파이프가 아니라니 참으로 당혹스럽다. 누군가의 "아무리 봐도 이 그림은 파이프인데요?"라는 질문에 "그러면 저 파이프로 연초를 한번 피워보시겠어요?" 했다는 르네의 답에서 의문은 풀린다. 결국 그림이란 파이프의 이미지에 불과하니, 화가가 아무리 사실적으로 묘사했더라도 그것은 재현일 뿐이지 그 대상 자체가 될 수 없다는 역설이다.

인간은 많은 것을 착각하며 고정된 시선을 가지고 살아간다. 당연한 것이 가장 위험하다. '실재'를 분리하지 못하고 '보이는 것'만 진짜라고 믿는다. "바큇살들이 모여 한 개의 바퀴통을 만들지만 수레를 움직이는 것은 가운데의 빈 구멍이며, 진흙을 이겨 그릇을 만들지만 쓸모 있게 하는 것은 그릇 속의 빈 곳"이라는 《도덕경》의 인용처럼 진정한 쓰임은 눈에 보이는 것보다 보이지 않는 곳이 훨씬 현실적이지 않은가. 허상을 깨고 관습을 뒤집을 때 스스로 고립되지 않으며 누구도 생각하지 않았던 방식을 발견한다. 그러므로 침묵도 음악이 되고 여백도 그림이 되며 행간마저 문학적 의미가 되는 것이다.

  철학의 본질은 누구의 사유가 더 합리적인가라는 판단이 아니라, 끊임없이 이어지는 무한한 질문과 의문의 향연에 있을지 모른다. 철학 입문서로 불리는 이 책에서 '주체'라는 문제설정을 통해 진리를 이야기하는 방식은 다층적이다. 언제나 '알고자 하는 인간'의 물음에 끊임없이 질문과 대답을 하는 자가 철학자라고 할 수 있겠다. 신의 존재가 절대적이었던 아우구스티누스의 중세철학 그늘에서 벗어나 근대철학의 출발점이 된 데카르트부터 스피노자, 로크, 흄, 칸트, 헤겔, 맑스, 프로이트, 니체, 소쉬르, 비트겐슈타인, 라캉, 알튀세르, 푸코를 지나 포스트구조주의의 대표 학자인 들뢰즈와 가타리까지, 시대의 흐름에 따라 철학의 문제설정 변화와 해체가 어떻게 진행됐는지를 명쾌하게 설명한다.

  철학자들은 많아도 단 하나의 철학은 없으며, 다양한 해석은 있을지어정 온전한 진리란 존재하지 않는다. 철학이 인간의 삶과 상관없다고 오인하거나 플라톤과 로크와 흄 등을 과거의 인물로만 단정하는 것도 매우 위험한 일이다. 철학이란 삶을 연구하는 학문이며, 수많은 사상가의 논리가 지금까지 이어져 아직도 그들의 지배를 받고 있기 때문이다. 그러기에 과거의 위대한 철학자들을 '영원한 현재인'이라고 부르고 있다. 그 점은 푸코의 사상에서

더욱 신뢰를 얻게 된다.

> '광인'이란 무엇인가? 혹은 '정신병'이란 무엇인가? 그것은 정상인과 어떻게 다르며, 양자를 가르는 결정적인 구획선은 어디 있는가?
> 이런 질문은 영화를 볼 때면 종종 하게 되는 질문입니다. 예컨대 〈뻐꾸기 둥지 위로 날아간 새〉란 영화는 정신병원에서 벌어지는 일을 다루고 있습니다. 어떤 '환자'는 자기가 '환자'일 거라는 생각을 지우지 못해 병원 신세를 지고 있습니다. 주인공 맥머피로 분장한 배우 잭 니콜슨은 미친 사람인지 아닌지 병원에서도 오락가락하며 잘 판단하지 못합니다. …… 도대체 이들 가운데 누가 '정말' 환자고 누가 '가짜' 환자인 걸까요?(369~371쪽)

내부와 외부를 가르는 푸코식 답변은 "경계를 허무는 일"이다. 푸코에게 경계선이란 힘과 권력이다. 의사가 판단하는 정상인과 비정상인의 구분을 지움으로써 가려졌던 침묵의 진실과 외면했던 문제를 사고하도록 만드는 일이 푸코의 방식이다.

그러면 작가는 왜 철학책을 읽어야 하는가. 대체 진리는 무엇이며, 진리 판단의 정확한 잣대는 무엇인가. 대상이 개입되지 않는 지각과 인식이 가능한가. 읽으면 읽을수록 더욱더 혼란스러워지는 것이 철학자들의 언술이다. 그러나 분명한 것은 그럼에도 무조건 읽어야 한다는 사실이다. 철학적 사유 없이 글이 탄탄해질 수 없는 까닭이다. 철학이 세상의 암호를 푸는 작업이듯 작가 또한 경계를 너머 그 이상의 의미를 찾아내는 자이다. 고착된 영토에서 벗어나 보이는 것을 다시 보는 것이 작가의 의무이다.

편협한 인식론적 경계선을 지우고 음악과 미술과 영화, 건축과 과학과 역사 등 다양한 영토를 횡단하는 자만이 스스로를 변화시킬 수 있다. 외부의 허구와 내부의 진실을 찾아낼 때 비로소 자동차의 백미러에 새겨진 글자처럼 진리가 "거울에 보이는 것보다 가까이" 있을지 모를 테니까. 그것이 저자 이진경이 생각하는 사유의 "주름"을 펼치는 일이고, 들뢰즈와 가타리가 위기 극복을 주창한 '노마디즘'이라는 유목적 방식이다.

이것이 있으므로 저것이 있게 되고

≪점은 생명이다≫
김애자 | 수필과비평사 | 2015

　김애자 선생님의 수필집 한 권을 펼칩니다. 물론 이전에 출간된 ≪달의 序曲≫이나 ≪숨은 측≫과 ≪미완의 집≫ 등도 예사롭지 않은 제목이었으나, 2015년에 발간한 여섯 번째 작품집인 ≪점은 생명이다≫라는 표제를 받들고는 여느 때보다 숭엄하고 경건해집니다.
　'생명'이라는 거룩하고도 위대한 이름 앞에, 흔히 생각하는 가장 작고 약하고 여리고 가벼운 하나의 '점'이 놓여 있었으니까요. 나아가 모든 생명체의 근원은 한 점의 세포로부터 발원하는 것임을 성찰하게 되는 것이죠. 지금부터 약 150억 년 전 무한히 뜨거운 한 점에서 우주가 출발하였고, 강과 바다는 한 방울의 물로부터 탄생하였을 것이며, 윤기 나는 붉은 양귀비와 봄날 두렁길에 흐드러진 자운영꽃도 점과 같은 둥근 씨앗에서 시작되었겠지요. 인간 역시 알 모양의 정자 세포와 난세포의 결합임을 두말할 나위가 있을까요. 그러니 무한한 가능성을 가진 점의 번식력을 거듭 인지하게 됩니다.

  이 책은 작가가 태어난 출생지인 충주시 엄정면 가춘리의 주동마을인 '수렛골'에 거주할 때 상재하였습니다. 부군께서 퇴직한 후 함께 집을 짓고 작은 텃밭을 가꾸고 야채와 생과일로 효소를 담그며, 얼마간의 벌을 키우고 소량의 버섯을 재배하며 이십여 년간 산중생활을 하였지요. 서두와 목차만 훑더라도 곰팡이, 기생충, 나비, 토룡土龍, 사마귀, 소, 초파리, 칸나, 밤나무, 갈참나무, 고로쇠나무 등의 생태적 소재가 대부분입니다. 그곳에서 작가는 가을의 서막을 장식하는 "곤충들의 러브 송"을 듣고 질경이와 인동덩굴과 다래와 며느리배꼽과 할미질빵과 쇠뜨기와 괭이밥 같은 "지구를 건강하게 떠받들고 있는 파수꾼"들에게 경의를 보냅니다.

  자연과 더불어 지내는 동안 인간과 동물, 곤충과 식물, 생멸과 순환을 인지하며 존재의 본질을 떠올린 것이지요. 인간이 자연에 대한 새로운 지각의 세계로 들어가는 것 사제기 풍요로워지는 삶이 아니겠습니까. 자연을 수단이나 목적으로 여기는 것이 아니라, 인간과 천지만물을 하나의 몸으로 인식한다면 물아일체의 삶을 살아갈 수 있을 겁니다. 그런 점에서 작가의 진술은 자연과의 합일을 전제합니다. 그리하여 화자는 꽃 한 송이 벌레 한 마리도 예사로이 보지 않고, 참외 한쪽과 사과 한 알도 그냥 먹지 못하며, 발밑에 구르는 돌멩이 하나도 허투루 대하지 않습니다.

선생께서 자연의 마음을 근본으로 삼고 천지의 말씀을 이치로 수렴한다는 것은 맨밥의 정미正味를 설명한 부분만 보더라도 알 수 있습니다. 옛 고승들은 밥상을 받으면 맨밥 세 수저를 먼저 떴는데, "첫 번째 수저는 비와 햇볕을 내려준 천지신명께 드리는 감사의 예다. 두 번째 수저는 농사를 지은 이에게 보내는 치하致賀다. 마지막 세 번째 수저는 밥을 지어준 공양주에게 보내는 고마움이라고 했다."며 모든 생명체가 유기적으로 연결되어 있음을 암시하였습니다.

당연히 〈사마귀의 자존심〉의 메시지도 주목해야 합니다. 현관 앞에서 마주친 늙은 사마귀가 비겁하게 도망치지도 않고 "시퍼런 앞발을 쳐들고 삼각형 머리를 갸웃거리며 째려보는" 당당함에 당랑거철의 용기를 추어올렸지요. 그러면서 내전으로 고통을 겪은 캄보디아인들의 정신을 되살리며, 이 시대에 진정한 자존심을 지닌 의기찬 지사志士가 출현하길 희원하였습니다.

그러고 보니 십여 년 전, 선생께서 직접 초청해주신 덕에 과분하게도 하루 유숙한 적이 있습니다. 미리 강조한 말씀처럼 가춘리는 봄이 아름다운 고장이었지요. 마을 초입부터 사과꽃이 서리를 뒤집어쓴 것마냥 허옇게 돋아올라 있었습니다. 푸른 사과알 보다도 더 새큼하게 찌르는 꽃향내를 맡고 흐무러지듯 우렁찬 봄물소리를 들으며 비탈길을 올랐습니다. 산제비 한 마리가 노랫가락처럼 동행하였고 애기똥풀이 지천인 황토 길섶을 따라 소담한 전원주택에 들어서게 되었습니다. 마중 나온 두 내외분의 표정은 더없이 화안하였고요. 그날 손수 차려주신 참깨를 가득 갈아 넣은 버섯무침과 연한 산미나리 겉절이와 뒷산에서 뜯은 삽상한 참나물무침 맛은 아직도 잊지 못합니다.

그러니까 이 책의 한 챕터도 맛에 관한 서술로 채워져 있습니다. 혀의 세포인 미뢰에서 감지하는 짠맛과 단맛, 쓴맛과 신맛과 매운맛, 그리고 고소하고 떫은맛 등을 맛깔스레 풀어내었습니다. 특히 〈소금 이야기〉에서 "소금은 배추와 천생배필이다. 노란 고갱이가 꽉 들어찬 배추가 소금을 만나면 짜디짠 위력에 꼼짝달싹도 못한다. 칼날도 들어가지 않도록 단단하게 여몄던 절개도 소금과 하룻밤만 동침하고 나면 속살을 다 드러내놓고 '당신 뜻대로 하소서.'로 변한다."는 단연 백미입니다.

이 부분을 읽은 자라면, 소금의 맛보다 더욱 능청맞은 수필의 맛에 누군들 흠뻑 젖지 않을 수가 있겠습니까. 결국 자연을 통해 경이로운 생존능력을 체험한 사람만이 인간 중심의 아르카디아 Arcadia적 사고에서 탈피하게 됩니다.

이로써 작가는 은유와 경고의 아포리즘 문장을 성립시킵니다. 다시 말해 "큰 종의 수가 늘어나고 작은 종들이 사라지는 점"을 걱정하며, "이것이 있으므로 저것이 있게 되고, 이것이 소멸되면 저것도 소멸된다."는 불교의 연기법을 인용하게 됩니다. 아울러 "내 안에 당신이, 당신 안에 내가 들어있기를" 간구하는 집착에서 벗어나 적당한 간격 유지를 강조한 것도 같은 맥락이지요. 그리할 때 "들리는 것과 들리지 않는 것들의 경계를 넘어"설 수 있는 용기도 갖게 된다고 믿는 것입니다. 부디 그것이 바로 인간과 자연이, 또는 인간과 인간이 소통하는 방식임을 예측할 수 있게 되길 바랄 테니까요.

이름을 부른다는 것은

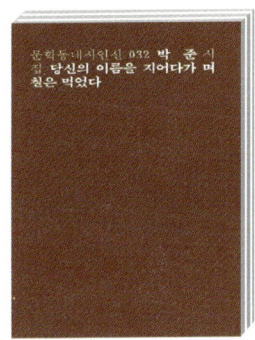

≪당신의 이름을 지어다가
며칠은 먹었다≫
박준 | 문학동네 | 2017

식물도감에 펼쳐진 풀이름들이 기막히다. 기생초 실망초 송장풀 명주실풀 까치수염 여우각시풀처럼 낯선 이름이 대부분이지만, 질경이 애기똥풀 겨우살이풀 끈끈이주걱 도둑놈의갈고리 애기도둑놈의갈고리 큰도둑놈의갈고리… 하고 연이어 부르다 보니 함께 들판을 내달리던 고향 친구들같이 눈에 익어 정겹다. 더러 천하고 무례하고 낯간지러운 이름도 섞여 있으나 모두 고만고만한 사연은 있을 터. 그래도 이 넓은 산천에 돋은 조그만 풀들에게 첫 이름표를 달아준 이름 모를 선각자들을 경배한다.

풀과 꽃 이름 짓기도 어렵겠지만 사람 이름은 더욱 고민에 빠지게 된다. 기왕이면 자녀에게 좋은 이름을 지어주고 싶은 것이 부모

마음이다. 그러나 '좋은'이라는 뜻은 애매하고 모호하다. 의미가 좋아야 하는지 우리말 이름이 나은지 사주에 맞는 작명이 옳은지 글로벌 시대를 생각하여 매끄러운 발음이 우선인지 헷갈리기 마련이다. 이름이란 원래 한 사람의 것이지만 생각해보면 모두의 것이 되기에 신중할 수밖에 없다.

그런데 요즈음은 스스로 이름을 바꾸는 일이 대세다. 과연 개명 허가를 신청한 이름들을 살펴보니 절로 고개가 끄덕여진다. '고생만 김방구 김치국 백김치 신호등 우동국 이십원 하지마' 등 대부분 딱한 이름으로 놀림거리가 되어 꽤나 속앓이를 했겠다. 이참에 지인들의 옛 이름도 무시로 바뀌고 있다. 그동안 내 것인 양 부르고 다녔던 터라 하루아침에 개명 통보를 받으면 아끼던 물건을 잃어버린 것같이 서운하지만, 심사숙고한 명찰 주인을 위해서는 새 이름이 입에 붙도록 부지런히 연습을 한다. 물론 영자 명순 애숙 미애보다 은서 서영 지원 혜리가 세련됐으나, 개명 속도를 따라가지 못하는 굳은 혀와 신통찮은 기억력 때문에 늘 진땀을 흘리고 있다. 멋진 이름을 가진 자가 반드시 멋진 사람은 아니지만 멋진 문구나 카피가 마음을 잡는 것은 분명하다. 그러니 사람이라면 이왕지사 마음에 드는 이름으로 불려지길 원하는 것이 당연한 일.

개명과는 달리 '부캐' 열풍이 일고 있는 것도 굉장히 흥미롭다. 요컨대 '부캐'는 '본캐'와 다른 것. 개명은 본캐의 연장이지만 부캐는 지금과는 다른 새로운 '나'를 창조한다. 이미 텔레비전에서 많은 연예인이 부캐로 인기를 끌고 있다. 재미있는 것은 누가 봐도 본래의 캐릭터가 버젓이 드러나는데 짐짓 본인은 당사자가 아니라고 휘휘 손을 내젓는다. 그리고는 천연덕스레 목소리를 깔고 "그분과 닮았다고들 해요."라는 말을 덧붙이기 일쑤다. '둘째이모 김다비'만 보더라도 개그우먼의 이미지를 벗어버리고 '이모'라는 부캐로 젊은 '조카'들의 삶을 위로한다. '지갑 한번 열어주라, 휴가 좀 주라, 퇴근시켜 주라.'며 대표님을 저격한 노래 '주라주라'가 폭발적인 관심을 받은 것도 '주라'라는 강한 메시지를 친숙한 '이모'의 말로 압축한 까닭이 아닐까. 이처럼 부캐에서도 정말 중요한 것은 작명의 기술이라고 하겠다.

이름을 붙인다는 것은 존재를 증명해내는 일이다. 한번 정해진 이름이 끝까지 가기도 하지만 개명으로 중도에 바뀌거나 부캐라는 또 다른 자아로 나눠지기도 한다. 본캐 없이 부캐도 없겠지만 한결같은 것만이 무조건 좋은 것일까. 상황에 맞게 가면을 달리 써야 하는 경우도 있지 않은가. 지인의 촌스러운 이름이 바뀌듯 풀꽃 이름도 시대 따라 개명을 한다. 큰개불알꽃이 봄까치꽃으로 바뀌고 그늘돌쩌귀가 투구꽃이 되었으며, 복수초가 얼음새꽃으로도 불러진다.

어쩌면 인생은 이름을 부르고 또 이름을 지워내는 일인지도. 어느 시인의 문장처럼 당신의 이름을 지어다가 며칠을 먹고 또 당신의 궁금한 이름을 엎지르듯 그러니 가끔 잊었던 이름 하나 떠오르면 주저 없이 한번 불러줄 일이다.

지금, 여기에 있는 유토피아

≪헤테로토피아≫
미셸 푸코 | 문학과지성사 | 2014

이 세상 어디에도 없는 곳, 그러나 누구나 꿈꾸는 완벽한 사회. 그곳을 우리는 유토피아라 부른다. 유토피아는 장소라는 뜻의 그리스어 '토포스Topos' 앞에 부정을 뜻하는 접두어 '우Ou'를 붙여 만든 '장소 아닌 곳', 다시 말해 '장소 없는 장소'를 뜻한다. 그것은 1516년에 토머스 모어가 쓴 소설책의 제목이기도 하지만, 중세문학에서 인용된 파라다이스나 제임스 힐트가 명명한 샹그릴라나 허균이 건설한 율도국과 도연명이 그린 무릉도원과도 일맥상통한다. 종교적으로는 천국이나 극락이 존재하며, 신화적으로는 잃어버린 제국 아틀란티스와 아서왕이 잠든 아발론 등이 인간이 생각하는 현실 공간을 넘어선 이상향의 세계이다.

반면 "우리 시대의 칸트"라고 불리는 위대한 철학자 미셸 푸코는 공간의 구획을 하나 더 추가한다. '일상 공간'과 '유토피아', 그리고 유토피아에 맞서 부르고자 하는 '헤테로토피아'이다. 그에 따르면 헤테로토피아는 상상의 공간이자 현실의 공간이며, 탈주의 공간이자 전이의 공간으로서 차이를 생성하고 통합해낸다. 즉, 상상할 수는 있지만 현실 세계에 존재할 수 없는 유토피아와는 달리, 여기 현실에 존재하는 유토피아가 헤테로토피아인 것이다.

이에 푸코는 헤테로토피아의 다양한 장소들을 설명한다. 먼저 원시의 헤테로토피아에는 신성하거나 혹은 금지된 장소들이 있다. 사춘기에 접어든 청소년, 달거리 중인 여성, 임신 중인 여성에게 허용되는 장소인데, 특히 신혼여행지에서는 부부로서의 신성한 의식을 치르게 되는 곳, 처녀성의 상실을 한 시공간과 출산의 신성한 임무를 부여받은 산실 등이 속한다. 오늘날에는 원시의 헤테로토피아가 점차 사라지면서 박물관과 도서관 같은 영원성의 헤테로토피아가 강조되고, 시장과 휴양지로 대표되는 축제의 헤테로토피아가 인기를 얻는다. 그것은 나아가 술집, 극장, 놀이공원 심지어 매음굴까지도 환상의 헤테로토피아로 이어질 수 있다. 현실이든 상상이든 인간이 평생 보낼 수 있는 공간이라면 결코 유토피아가 되지 못한다. 그러므로 헤테로토피아는 한시적으로 유효하며, 그 공간은 아이들도 잘 알고 있다.

그것은 당연히 정원의 깊숙한 곳이다. 그것은 당연히 다락방이고, 더 그럴듯하게는 다락방 한가운데 세워진 인디언 텐트이며, 아니면-목요일 오후-부모의 커다란 침대이다. 바로 이 커다란 침대에서 아이들은 대양을 발견한다. 거기서는 침대보 사이로 헤엄칠 수 있기 때문이다. 이 커다란 침대는 하늘이기도 하다. 스프링 위에서 뛰어오를 수 있기 때문이다. 그것은 숲이다. 거기 숨을 수 있기 때문이다. 그것은 밤이다. 거기서 이불을 뒤집어쓰고 유령이 되기 때문이다. 그것은 마침내 쾌락이다. 부모가 돌아오면 혼날 것이기 때문이다.(13~14쪽)

이제 도시에는 다락방이 없는 아파트가 난무하고, 텐트를 세울 마루나 마당도 거의 사라졌다. 그럼에도 불구하고 현대의 아이들 역시 자신만의 헤테로토피아를 찾아서 옷장 속이나 침대 밑이나 이불 속에서도 굴을 판다. 그리고 자신의 왕국을 꿈꾼다. 숙제도 시험도 잔소리도 사라진 완벽한 세상을. 어른이라고 다를 바 있으랴. 내가 아는 해숙씨 남편도 아파트 거실에 텐트를 치고 산다. 책을 좋아하고 클라리넷을 연주하는 해숙씨와 마라톤을 취미 삼고 여행을 즐기는 그녀의 남편은 매사가 맞지 않는다. 다행히 서로 큰소리 내는 법 없이 이십 년간 함께 살지만, 그들의 집에는 각자의 구역이 존재하고 그 공간을 인정해준다. 그러나 최근 아이들의 성화에 해숙씨 남편의 텐트가 베란다로 옮겨졌다는 소식은 매우 안타깝다. 하지만 헤테로토피아는 일시적인 공간이니 찬 바람이 불면 그도 베란다의 텐트를 접게 되겠지.

헤테로토피아라는 개념을 단순하게 이해하기는 힘들지만 거울 이미지라면 귀를 기울일 만하다. 다름 아닌 거울의 물질성에 대한 인식이다. 내가 거울을 보고 있다고 가정해보라. 요컨대 거울 속에 내 모습은 존재하고 있으나 거울 속에는 공간이 없다. 나를 보도록 허락해준 거울 속에서 나는 부재한다. 반대로 이번에는 내가 거울을 응시하는 것이 아니라 거울 속의 내가 실재하는 나를 보게 된다. 비현실적인 공간 속에서 현실의 나를 바라보는 순간 "나는 나에게로 돌아오고, 자신을 다시 구성하기 시작"한다. 거울은 현실이지만 동시에 가상공간과도 연결되어 있으므로 헤테로토피아로서의 기능을 갖는다. 이를 문학에 적용시킨다면 현실의 재현인 문학 작품이 유토피아라면 실제로 읽고 쓰는 장소인 작가의 방은 헤테로토피아로 존재한다. 그러기에 문학이라는 거울 앞에서 작가는 얼마나 겸손해야 할 것인가.

몸이 헤테로토피아로 기능한다는 푸코의 이론도 흥미롭다. 우리는 눈이라는 두 개의 창문을 통해 세상을 내다본다. 그러므로 몸이라는 공간이야말로 세상의 중심에 있으며 몸을 거치지 않고서는 다른 세계를 만날 수 없다. "나는 꿈꾸고 말하고 나아가고 상상하며, 제자리에 있는 사물들을 지각하고, 또 내가 상상하는 유토피아의 무한한 힘에 의해 그것들을 부인한다. 내 몸은 태양의 도시와도 같다. 그것은 장소를 가지지 않는다. 하지만 바로 그것으로부터 실제적이든 유토피아적이든 모든 가능한 장소가 시작되어 뻗어나가는 것" 또한 몸이 된다. 푸코는 갇혀 있고 닫혔고 봉인

된 몸을 여는 방식으로 '사랑'을 권장한다. 사랑을 나눌 때 마침내 스스로를 되찾은 감각적인 몸들이 깨어나기 시작한다는 이론이다. 마치 유토피아가 생성된 다음 다시 헤테로토피아가 재구성되는 거울의 환영처럼.

헤테로토피아의 가능성은 사람마다 다르다. 누군가에게는 무의미한 공간이 되기도 하지만 또 누군가에게는 의미 있는 헤테로토피아가 되기도 한다. 버지니아 울프의 자기만의 방과 하이데거가 "깊은 겨울밤 사나운 눈보라가 오두막 주위에 휘몰아치고 모든 것을 뒤덮을 때야말로 철학을 할 시간"이라며, 대부분의 연구와 저술을 한 전기도 수도도 없는 슈바르츠발트의 산장과, 내가 마음만 먹으면 언제나 갈 수 있는 토함산 아래의 외딴 민박집도 각자에게 헤테로토피아로 존재하는 곳이다. 그렇다면 이 스산한 계절에 자신을 위로해 줄 당신만의 헤테로토피아는 과연 어디인가.

지뢰를 밟다

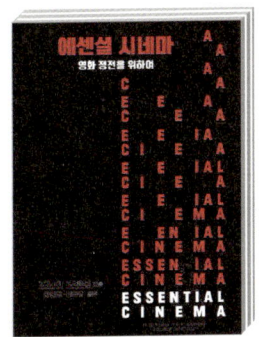

≪에센셜 시네마≫

조너선

로젠봄 | 이모션북스 | 2016

가을이면 영화의 바람이 부산으로 분다. 올해도 열흘간의 축제 바람이 화려한 폐막식을 끝으로 잦아들었다. 레드카펫을 걷는 신예 감독의 패기 있고 달뜬 표정, 세계적 거장의 의기로운 발걸음, 조각 같은 미남 배우의 유려한 손짓, 드레스 여신들의 우아한 미소, 그리고 누구보다 분주한 스태프들, 그들 모두가 주인공이다. 나도 해마다 게스트로서 하루 서너 편의 영화를 보았고 리뷰를 쓰거나 심사나 토론 등에 참여를 해왔다.

내가 아는 영화꾼들도 평소에는 데면데면하거나 소식이 없다가도 영화 철만 되면 안부를 묻고 대화방을 만들어 오로지 영화 삼매경에 빠진다. 감독들의 신작은 물론 배우의 사생활까지 꿰뚫고 있는 식지 않은 열정이 놀라울 따름이다. 이번에도 카톡방의 열기가 뜨거웠다. 그들은 각자가 고심하여 짠 시간표를 공유하고 티켓 교환도 시도하며 출연 배우들과의 미팅 정보도 소개한다. 최대의 관심사는 관람 후기이다. 호평과 혹평에 따라 시간표는 급조정되고 취소표를 찾느라 마니아들의 손가락은 예매 창에 광클릭을 해대었다.

반면 나는 세심하게 영화를 고르는 편은 못 된다. 시간에 쫓긴다는 핑계도 있지만, 이미 국제영화제에 출품했다는 것만으로도 작품성은 인정되었을 터. 개봉이 예상되는 인기작보다는 배급사에서 외면할 것 같은 비주류를 좋아한다. 지루한 다큐멘터리와 신화나 역사나 전설이 등장하는 영상물과 아프리카나 아시아 빈민국이 배경인 영화를 먼저 선택한다. 듬성듬성 앉은 자리에서 마니아들의 눈은 형형하게 빛나고 있는데, 재미있는 것은 똑같은 영화를 보고도 호불호가 갈린다는 사실이다. 인생 영화였다는 극찬이 있는가 하면 '지뢰를 밟았다'는 혹평도 이어진다.

기대와는 달라서 러닝타임을 지키기가 고통스러울 만큼 관람이 힘들었다는 것을 우리는 '지뢰를 밟았다.'라고 표현한다. 내게도 영화제 때마다 견디기 힘든 영화가 늘 한두 편씩 있었다. 목이 없는 주검 장면은 생각만 해도 섬뜩하고, 언어가 달라서인지 내용이 번잡해서인지 도입부터 엔딩까지 인물들의 싸우는 듯한 고함에 귀가 먹먹하여 헛웃음만 난 적도 있다. 정액을 한 바가지 삼키는 장면을 본 날은 입맛이 싹 달아났고, 가학적인 묘사로 자신의 이빨을 뭉텅 뽑아낼 때는 도중에 영화관을 뛰쳐나오고 말았으니, 지뢰를 밟기도 전에 지레 겁부터 먹고 도망쳤다. 하지만 그런 영화들일수록 언론에서는 철학적 해석까지 덧입혀 극찬한 경우가 많았다. 그러니 나의 편견은 매번 작품의 의미를 헤아리는 데 방해만 해대었다.

  몇 년 전 상영된 영화 '마인Mine'을 떠올린다. 제목에 '지뢰'라는 뜻이 담겼듯이 아프리카 사막 한가운데서 지뢰를 밟고 고립된 젊은 군인이 주인공이다. 그는 살아남기 위해 생존의 몸부림을 펼친다. 열사의 폭염 뒤에 찾아오는 극심한 갈증과 혹독한 추위와 허기와 외로움에 시달려야 했다. 목숨을 노리는 야생늑대가 다가와도 발밑의 지뢰 때문에 한 발짝도 떼지 못한다. 지뢰가 터지고 두 다리가 잘려 나가는 환각증세, 한숨도 잘 수 없는 지옥의 밤, 썩어가는 발과 함께 오물을 마시며 견뎌낸 공포의 시간들. 호송차량은 점점 늦어지고 죽음이 눈앞에 닥친다. 그때 어머니의 목소리가 환청으로 들려온다. "넌 계속 나아가야 해. 앞으로 나아가야 해." 그가 두려움을 딛고 한 걸음 발을 떼기로 한다.

  그런데 어찌 된 일일까. 지뢰는 폭발하지 않았다. 일흔두 시간 동안이나 힘겹게 밟고 있던 것은 겨우 장난감 병정이 담긴 낡은 깡통이었다. 아무것도 아닌 한낱 두려움과의 사투를 벌인 것이다. 지뢰는 밖에 있지 아니하고 자신의 마음속에 박혀있었다. 그것을 넘어 용기를 낼 수 있는 것이 자유라는 것을 처절하게 깨닫는다.

  이번에도 영화제가 끝나고 올해 영화에 대한 의견들로 분분했다. 나 역시 잔혹하거나 노골적이거나 가학적이라는 이유 등으로 '지뢰를 밟았다'고 단정 지은 작품들을 다시 생각해본다. 결국 그 설정도 내가 쌓은 장벽이며 스스로 놓아둔 올무에 불과하다. 자신이 좋아하지 않는 모든 것을 지뢰라 여긴다면 살아가기가 얼마나 고달프겠는가. 처음부터 지뢰는 없었다. 레드카펫을 걷는 배우들처럼 당당하게 딛고 나아갈 일이다. 그런 점에서 ≪에센셜 시네마≫에서 언급한 천 편의 영화는 여전히 내게 '정전正傳'으로써 유효하고.

미스 에세이

≪미스 에세이≫
김정화 | 수필과비평사 | 2021

1. 답은 내 속에 있습니다만

    여러 해 동안 바닷가 마을에 살고 있습니다. 나는 오늘 태풍이 지나간 바닷길을 조금 걸었습니다. 풍랑에 밀린 해초가 갯가에 널브러졌고 가을 물도 한번 들이지 못한 벚나무 잎들이 부러진 가지 사이로 뒹구는 모양새가 글길을 찾지 못하는 내 마음길과 비슷했습니다. 온갖 상처가 남았지만 북적이지 않는 바나가 마음을 풀어놓기에는 더없이 좋습니다. 방금 통화한 지인에게 바다를 좀 보고 있다니까 혼자 바다를 즐겨 찾는 사람은 후회하는 일이 많아서 그렇다는군요. 생각해보니 틀린 말도 아닙니다. 삶은 온통 후회투성이잖아요.

천천히 걸으면서 '나는 무엇으로 사는가' 하고 스스로에게 질문을 던져 봅니다. 돌덩이를 하나 짊어진 것처럼 참으로 무거운 물음이군요. 이 말은 나는 어떻게 살고 있는지 혹은 내가 어디를 향해 가고 있는가를 되묻는 것이며, 무엇이 지금의 나를 만들었는지 진정코 나를 살게 하는 원동력은 무엇인가를 확인하려는 일과 같았습니다. 나를 살아가게 하는 것이라면 제법 근사한 답이거나 꽤 그럴듯한 표현이나 절박한 언어로 쓰인 생존어가 스프링 튀듯 튕겨 나와야 합니다. 하지만 어찌 된 일인지 내 의식은 막막하고 고요합니다.

답은 내 속에 있습니다만, 요지부동이군요. 글쎄, 그런 기운을 느껴보셨는가요. 한 번도 만나본 적 없지만 믿을 수 있고, 맹세한 적 없으나 우리는 철통 단결한 동지라는 것을 직감할 때가 있지요. 그것은 내 속에서 저절로 자랄 수도 있고 내가 살뜰히 키우는 것일 수도 있습니다. 가끔씩 어떤 떨림으로 와닿기도 하고 아찔한 향기로 취하게도 하며 긴 그림자로 불안을 덮어주기도 하지만 침묵으로 잠잠할 때도 있어서 때로는 목메고 가슴 쓰라리기도 합니다. 그러나 내가 그것을 좋아하는 것처럼 그도 정녕 나를 친애하겠지요.

나는 그의 정체를 알지 못합니다. 그렇지만 눈물겹게도 나는 그것의 힘으로 살아갑니다. 인생이 꺼질 것처럼 힘들고 지칠 때가 있었습니다. 끝까지 가버린 목숨을 여럿 보고 난 뒤는 허망했습니다. 청춘을 바친 세월이 배반으로 돌아왔을 때는 절망스러웠습니다. 한때 내 왼손에 꼈던 가장 빛나던 반지도 녹슬어버렸습니다. 삶의 모서리에 약간만 부딪혀도 쉽게 깨지고 부서졌습니다. 죽음 같은 캄캄한 바닥을 기었습니다. 아니, 죽음은 바닥에 있지 않고 창문 너머에 있었습니다. 정신을 들게 한 것은 아이의 울음이었지요. 나는 일어서야 했습니다. 휘청거리지 않도록 뿌리를 내려야만 했습니다. 그때 목숨줄과 함께 꽉 붙잡은 것, 그것이 촉을 틔우고 줄기를 뻗어 되레 내 몸을 친친 휘감았습니다.

태풍이 할퀴고 간 자리는 잔인했지만 다시 바람은 부드러워졌고 대지는 단단해져 갔습니다. 그가 나를 나의 주인으로 살아가게 하는 동안 가을은 벌써 스무 번도 넘게 다녀가셨더군요. 비로소 내가 되어가고 있었습니다. 그동안 나였다고 믿은 것이 내가 아니었음을 알게 되었고 내가 아니었다고 생각한 것이 나였음을 알았지요. 세월의 흐름을 느낄 때마다 철학자 마르틴 부버의 "너는 네 세상 어디에 있느냐? 너에게 주어진 몇몇 해가 지나고 몇몇 날이 지났는데, 그래 너는 네 세상 어디쯤에 와 있느냐?"라는 말을 되새깁니다. 그 질문이 '너는 무엇으로 사는가'라는 말과 같은 이치임을 이제야 인지합니다. 어떻게 대답해야 할까요.

그를 찾으려면 나를 좀 들여다봐야 합니다. 그것은 내 몸 변두리 어디쯤에 웅크리고 있거나 눈에 절대로 뜨일 수 없는 뒤통수 쪽에서 공중에 반쯤 발을 걸치고 명상이라도 하는지 모르겠습니다. 그렇지 않고서야 얼마 전 동굴에 대한 글을 쓸 때 개똥지빠귀는 허공이라는 상천上天의 굴에 산다는 생뚱맞은 문장을 긁적였겠습니까. 필시 그는 화염 같은 열정을 가졌거나 맹수의 발톱 같은 상상력으로 온몸을 무장하였을지도 모릅니다. 섣불리 건드렸다가 감정선이라도 긁히면 뒷수습을 감당하기 매우 어렵습니다.

분명 나는 그의 존재를 느낍니다. 나태해진 영혼에 매질하고 박약한 의지는 곧추세워주며 꾀꾀로 내 육신과 정신 사이를 횡행하여 거풍擧風하므로 찌들고 눅눅했던 내가 다시 헹구어짐을 잘 알고 있습니다. 그럴 땐 생각의 품이 다소 넓어지기도 하여 잠시 섬광 같은 글줄이 반짝거리게 됩니다. 그러므로 그때마다 나는 그의 행적과 그의 존재와 그가 전하는 말을 부지런히 기록해 둬야 합니다. 그동안 그의 기질을 모방하고 그의 생각을 베껴먹고 그의 언어를 흉내 냈습니다.

그리하여 어쭙잖게 예닐곱 권의 책을 묶기도 하였으나 그것은 결코 나의 훌륭한 공적이 못됩니다. 좀 더 진지하게 사유하지 못하고 좀 더 치열하게 쓰지 못한 채 매번 허덕거리는 나의 글은 늘 미완으로 끝납니다. 눈치채셨겠지만 지난해 묶은 수필집 표제가 ≪미스 에세이≫인 까닭도 그 때문입니다. '미스miss'가 지칭하는 미혼의 여성처럼 젊고 패기 넘치는 글을 쓰고픈 마음은 창대하였지만, 결과는 '미스miss'의 뜻처럼 놓치고, 빗맞고, 실패하고, 빗나가고, 탈락하였습니다. 그럼에도 불구하고 나는 늘 글이 고픕니다. 다행히 '미스miss' 속에 그립다는 뜻이 들앉은 것을 위안으로 삼습니다.

드디어 무엇으로 사는가에 대한 답이 보이는군요. 이 답은 과거에도 그랬듯이 앞으로도 죽 이어질 전망입니다. 나 또한 그와 함께 조금씩 더 깊어지려 노력할 것입니다. 그러니까 그 답은 구도의 자세로 진중하고 엄숙하게 말해야 합니다. 글집을 받치는 신성한 기둥이 바로 '글심心'이니까요.

2. 깃들어 있는 당신의 신께

만나고 싶다는 편지를 받았습니다. 연락이 닿지 않아 답답하다는 말씀도 있었지요. 이곳이 그대의 영토와 달라 즉각 답신이 어려운 점도 이해 바랍니다. 살다 보면 함께해야 하는 일도 많지만 만나지 않아도 힘이 되는 경우가 있지요.

당신은 절 만난 이후 매일 글을 썼노라고 고백했습니다. 백지를 마주하면 첫 줄부터 어렵다 하더군요. 언젠가 제가 단정한 첫 문장이 나를 안심시킨다고 한 말에 더욱 글문으로 들어가기 두렵다고 투정했습니다. 그러기에 누구나 할 수 있지만 아무나 할 수 없는 것이 문학이겠지요. 글판이 낱말만을 쏟아놓는 곳이 아닌 까닭입니다. 하지만 당신이 무슨 생각을 하고 있는지 그것을 쓰지 않으면 제가 어떻게 알겠습니까.

저 역시 글에 대해 잘 알지 못합니다. 국가대표 축구 선수도 매번 공 넣는 게 어렵고 노벨상을 받은 과학자도 새로운 패러다임에는 기존 이론이 뒤집히며, 평생 정치에 매달리는 사람들도 나라를 구하기 힘든 현실입니다. 모르는 게 맞습니다. 안다고 하는 순간부터 모순도 함께 만들어집니다. 우직하게 시간을 밀고 나가는 것이 중요하지요. 이미 문학의 길이라는 마라톤 대열에 들어섰으니 오기로 계속 달리는 겁니다. 열정으로 뛰다 보면 지식과 이론은 자연히 뒤따라온다고 생각합니다.

제가 좋아하는 릴케의 시가 있습니다. "눈이 멀어도 보이게 하고, 귀를 막아도 들리게 하는…, 발이 없어도 당신께 이르게 하고, 팔이 부러져도 가슴으로 당신을 붙잡는…." 그가 열렬히 사랑했던 루 살로메에게 헌정한 시죠. "나는 당신을 피에 실어 나르겠습니다."라는 마지막 문구가 기가 막힙니다. 그럼 피마저 마르면 어떡할까요. 영혼의 그림자로 그대를 지킬까요, 바람의 화석이 되어 곁에 머무를까요. 연애시 중에서 이보다 더 절절한 문구가 있을까요. 릴케는 병적으로 루에게 집착했지요. 루를 사랑하면 미구에 불후의 명저를 쓰게 된다는 속설처럼 릴케 역시 당대 누구보다 멋진 서정시를 구사했지요. 물론 실연의 고통은 혹독했지만 열정이 없었다면 사랑도 불가능한 일이겠지요. 피에 실을 만큼 간절한 것이 있는지요. 열정을 가진 작가라면 당연히 "나는 문학을 피에 실어 나르겠습니다."라고 되뇌지 않을까요.

가끔 당신의 안부가 궁금하면 "그대, 열심히 쓰고 있는가." 하고 낮게 중얼거려 봅니다. 삶을 사랑하는 당신이니 글 또한 치열하게 쓰리라 믿습니다. 글을 쓰는 것은 살아 있다는 것을 증명하는 일이겠지요. 만약 작가가 더 이상 글을 쓸 수 없다면 삶 또한 이어가기 힘들겠지요. 버지니아울프가 강물에 들고, 야스나리는 독가스를 물며, 헤밍웨이와 로맹 가리가 총을 들었듯이, 한국의 우울한 영웅 마광수 역시 스카프로 생을 묶었지요. 반면 치열하게 사는 작가들도 많다는 건 당신이 더 잘 알 테지요. '광기狂氣'라는 두 글자를 바람벽에 붙이고 글에 매달린 소설가와, '골방의 시인'이라는 운명을 받아들이는 시인과 '수생수사隨生隨死'를 외치며 수십 권의 저서를 편찬한 노 수필가도 있지요.

　이렇듯 작가의 생명은 유연성을 지닙니다. 생물학적 목숨 이외에 작가적 목숨이 존재하지요. 생각해보십시오. 당신은 언제 작가로 태어났는지. 등단할 때였나요, 책을 발간한 날인가요, 아니면 비로소 마음에 드는 글 한 편 썼을 때였는지요. 작가란 글쓰기의 종신형을 선고받은 존재라는 말에 기어이 공감합니다. 일 년을 십 년같이 살 수 있고 십 년을 일 년처럼 살기도 합니다. 작가로서 남은 생은 스스로 연장선을 만들 수 있게 되지요.

　감동을 잘 받는 사람이라면 글을 쓸 수 있는 재능을 지녔다고 합니다. 그러니 대상에 말 걸기를 주저하지 마십시오. 먼저 다가가십시오. 겨울 바다에 손을 담그고, 여름 들판에 몸을 태우고, 살아 있는 것과 숨죽인 것들과 마주하십시오. 새벽이슬도 맞고, 낮달도 보고, 달빛 아래에도 서며, 비바람 부는 날도 가 보십시오. 퇴락한 뒷마루의 나뭇결, 흙길에 구르는 돌멩이 하나, 오래된 책장의 먼지까지 눈에 담으십시오. 작가라면 세상의 모든 것을 스승으로 보아야 제대로 된 글 한 편 건질 수 있을지도 모르겠습니다.

　고대 그리스의 스파르타에서 전해오는 이야기가 있지요. 기초 검술 교육을 받던 아들이 "칼이 너무 짧아 찌를 수 없어요." 하고 불만을 호소하자 "얘야, 한 발 더 가까이 다가서서 찌르려무나."
라고 아버지가 답합니다. 한 발 더 가까이 가는 것. 딱 한 번만
더 해 보는 것, 이것이 열정이지요. 그 마지막 한 번이 성패를
가르게 되는 것이지요. 1도가 더해져서 물이 끓는 원리와 같습니
다. 끈질기게 하는 것이 열정의 불씨를 꺼지지 않게 합니다.

　글을 쓰는 것이란 불러내는 일입니다. 그것은 타인을 부르며,
내 속의 나를 깨우게 됩니다. 힌두교를 믿는 사람들은 "나마스테"
라고 인사합니다. 이 말은 단순한 안부를 뛰어넘어 "당신에게 깃
들어 있는 '당신의 신'께 문안드립니다."라는 깊은 뜻이 담겨 있습
니다. 석공들이 군더더기만 쪼아내고 안에 있는 부처의 형상을
들어내는 것과 같은 이치이죠. 작가 역시 글의 여백을 지워가는
자가 아니겠습니까.

　사람이 발전하려면 불편한 것과도 친해져야 합니다. 의식이 깨
어나야 해석도 다르게 할 수 있습니다. 손편지도 쓰고 시골길도
걸어보고 가능하다면 텃밭도 가꿔 보십시오. 물론 실패도 하고
길도 잃겠지만 낯선 것에 눈 주기를 하고 귀찮은 것도 즐겨 보십시
오. 쉬엄쉬엄 가야 오래 갈 수 있습니다. 그러면 새로운 감성의
물줄기가 온몸을 덮는 경이로움을 느끼게 될 겁니다.

　지금도 당신은 글을 씁니다. 명작 한 편은커녕 문단 말석에서
이름조차 불리지 않지만 작가라는 필생의 소업을 받들고 밤을 새
워 하염없이 글줄을 엮습니다. 그대가 진정으로 나를 원하신다면
오늘도 신명나게 열정에 갇히기 바랍니다. 그러면 어느새 그대

곁에 제가 우뚝 다가가 있을 테니까요. 그럼, 우리의 운명적인
만남을 기다리며 이만 총총. 미스 에세이 올림.

오직 장미꽃 한 다발

《아침에는 죽음을
생각하는 것이 좋다》
김영민 | 어크로스 | 2018

4대 종손인 그가 고민에 빠졌다. 곧 사돈될 집안과 상견례를 앞둔 시점에서 예비 며느리의 '뼈 있는' 질문이 넌지시 아들로부터 전해졌다. 정확히 연간 몇 차례의 제사가 있느냐는 물음이었다. 아마 그것은 서울에서 직장생활을 하는 예비 며느리가 앞으로 부닥쳐야 할 고충일 것이며, 종부가 될 딸의 짐을 가늠하고자 하는 부모의 걱정도 포함되었으리라.

그동안 한 달에 한 번꼴로 든 제사를 지극히 모셔왔다는 그는 도대체 이 매듭을 어떻게 풀 것인가. 무엇보다 혼기가 꽉 찬 장남이 드디어 마음을 잡았고, 그 역시 동기간들의 손주 자랑에 은근히 애가 탔을 터이다. 그렇다고 축소하여 속임수를 쓸 일도 아니거니와, 갑자기 합설하는 것도 내키지 않을 것이며, 고을 문화원장까지 지낸 이력에 쉽사리 전통을 거역하기도 힘든 일이다. 그의 얼굴에서 혹여 제사 문제가 아들의 혼사에 걸림돌이 될까 봐 애타는 마음이 가득 묻어난다.

이 난제를 두고 술자리에까지 난상토론이 이어졌다. 참석자들의 제사 신풍속도가 줄줄이 소개되었다. 서양 음식이나 택배 음식은 기본이고 성묘도 대신해 주고 납골당에 올릴 미니어처 '모형 차례상'을 만드는 제례대행업체도 생겼으며, 명절 여행객을 위하여 가벼운 이동형 제기 세트가 출시된 지도 꽤 되었단다. 어느 댁에서는 제사 음식 대신 차상을 준비하여 다례를 올리고 커피를 끓여 차담을 한다는 기발한 방법도 있었고, 주문 통닭만은 제사 지내기 직전에 도착하게 하여 고소한 치킨 냄새로 대동단결을 만든다는 사례에는 박장대소가 터졌다.

하기야 제기에 랩을 씌우고 음식을 올려 일손을 줄여주는 시아버지 이야기도 들었으며, 지인 중에는 어려운 한문 신위를 '그립습니다'라는 문장으로 대체하고 가족들이 좋아하는 와인을 제주로 쓰는 집도 있다. 언젠가는 한산한 공터에서 새 차 앞에 휴대전화의 돼지머리 사진을 켜놓고 고사를 지내는 일행도 보았다.

격식보다 실속을 차리는 신풍속도를 옛날 어른들이 본다면 분명 혀를 찰 일이겠다. 그러나 이제 한 자녀가 대세이고 결혼과 출산마저 줄어드는 추세이니 앞으로 홀로 지내는 제사가 무에 그리 의미 있을까. 역사적으로 거슬러 올라가도 명절 제례는 고려시

대부터 지낸 것으로 추정되고, 이름 그대로 원래는 차를 올리는 다례였을 가능성이 크다고 하지 않은가.

　요양원에 계시던 내 동창 엄마는 당신의 제사상엔 장미꽃 한 다발과 좋아하는 아메리카노 한 잔만 올려 달라는 당부를 몇 번이나 하셨다. 그 말을 전해 들은 친구들은 얼굴을 펴며 반색을 했다. 대부분 남의 집 며느리들이라 제사 음식 장만으로 허리가 휘어본 경험담들은 익히 들은 터다. 그러니 제사상에 꼭 음식을 차려야 하는가, 라는 논제로 한동안 재미있는 이야깃거리가 오고 갔다.

　실제로 베트남에는 제상에 꽃을 올린다. 우리나라도 조선시대 국가 제사에는 짐승을 잡을 때 사용하던 칼인 난도를 진설하였으며, 심지어 옛이야기에서 놀부는 제물 대신에 종이에 음식 이름을 써서 올리지 않던가. 그러고 보니 아프리카 부두족은 지금도 제사를 지낼 때 해골을 제단에 바친다고 한다. 해골은 삶과 죽음의 중간자로서 사람과 영혼을 이어주는 매개체라고 믿는 것이다. 해골을 통해 부족의 바람과 기도를 신에게 전하고 신의 메시지를 해골을 통해 듣는 법이 그들의 제사 방식이다. 영화 '코코'에서도 멕시코의 제사 풍습이 자세히 소개되었는데 제단에 놓였던 해골 모양 장식품이 오래도록 기억에 남는다.

　제사의 본질은 조상을 숭배하고 가족의 화합이다. 제사상 위에 어떤 것이 올라가더라도 고인을 기억하는 마음이 우선된다면 도량 넓은 조상님도 흔흔하지 않으실까. 새 식구를 맞을 그의 고민에 명쾌한 답은 단박에 나지 않았다. 정답도 존재하지 않으니 여러

예시를 참고하여 잘 해결하리라 믿는다.

하지만 친구 어머니의 꽃 상 제사 주문은 내게도 유효하다. 아마도 같은 생각을 한 사람이라면 '아침에는 죽음을 생각하는 것이 좋다'라는 말에도 무덤덤해질 수 있으니까. 그러니 나의 딸이여, 훗날 내 기일에도 오직 장미꽃 한 다발만 놓아주기를.

영원한 노스텔지어, 바다

≪바다의 기억≫

김동규 | 세종출판사 | 2009

　책 등에서 햇미역 냄새가 나는 듯 비릿하다. 반백의 생을 정리하며 처음이자 마지막으로 발간한 그의 수필집이 쌓아 올린 책 탑 중간쯤에서 먼지를 뒤집어쓰고 있다. 얼마 만인가. 한동안 그를 잊고 있었다. 같은 해에 같은 수필 전문지에 등단하였고 사는 곳도 이웃이었으니 다른 문우들보다 각별했다. 선한 눈매와 나직한 음성만으로는 전혀 억센 바다 사나이였다고 짐작할 수 없는 사람이었다.

　책 발간을 축하한다는 전화를 내었을 때 "시답잖은 글로 가만히 있는 바다를 팔려 바다에 미안하다."던 조곤조곤한 음성을 기억한다. 바다를 늘 우러르던 사람이었다. 풀에게 나무에게 강에게 바다에게 미안하다고 말해 본 적 없고, 사람에게조차 제때 사과의 박자를 놓치기 일쑤였던 나로서는 그의 겸손에 부끄러웠다.

　언제나 바다가 펼쳐져 있는 삶이었다. 그가 바다와 인연을 맺은 것은 해기사 출신으로 이십 대 때 칠 년간 배를 타고 대양과 대주를 항해한 경험 때문이다. 항해사 출신으로 다양한 이국 경험을 하였고, 이십여 년 동안 해양 잡지를 만들면서 바다와의 인연을 이어왔다.

　천생 바다의 소생이라 여겼다. 바닷가에만 서면 심장이 팔딱거린다고 했다. 늘 그리운 것은 항해하다 두고 온 대양의 푸른 대지라고도 했다. 책 속에 그의 바다는 다채롭다. 바윗돌을 물살로 보듬고서 꿈쩍 않고 자신의 자리를 지키는 바다, 하늘 새에게 길을 터주어 쉬어가게 하고 산 그림자 내리면 말갛게 씻어주는 묵언의 바다, 물과 바람과 세월의 소리를 담은 여여한 바다, 달과 소통하고 바람길을 만들며 격정의 파도를 넘는 바다, 세파에 흔들리는 인간의 마음까지 다독이는 바다. 그리고 저물면서 빛나는 바다, 그림 속의 바다, 내려다보는 바다, 잊히지 않는 바다, 생존의 바다…. 바다가 그가 되고 그가 바다가 되었다.

　삶과 죽음이 겹쳐 있는 바다를 읽는다. 선상 생활 중 가슴 무너졌을 일이 어디 한두 번이었겠는가. 적도 근처 해안에서 들려온 "사람이 빠졌다."라는 다급한 목소리에 심장은 곤두박질쳤을 것이며, 순직 선원위령제 앞에서 흐느끼던 젊은 부인의 울음소리는 해조음으로 바스락 소리를 내며 가슴 붙박이가 되었을 터. 결국,

죽음이라는 통과의례를 거쳐야만 생명을 탄생시키는 원천의 바다가 되는 것일까. 그가 체험한 바다는 한낱 감상으로만 그치지 않았다. 한낮의 푸른 바다는 모성이며 해 질 녘 바다는 태초의 아늑한 자궁이었다. 생명의 근원이며 영원과 소멸과 재생을 나타내는 창조력을 지닌 여성 이미지로 그려내었다. 그의 말대로 바다는 소우주이며 육지의 끝이 아니라 미지의 세계로 나가는 통로라고 할 수 있다.

언젠가 그가 작고 수필가 김소운 선생의 문학비를 안내해 준 적이 있다. 영도구청 앞 쌈지공원의 해송 사이로 부산항이 넓게 펼쳐졌다. 그날, 한때의 짧은 배 생활을 한 것을 두고 우쭐하여 "나는 바다밖에 모른다."라고 말하고 다닌 점을 후회한다고 말했다. 오대양을 누비며 길고 험난한 항해를 경험한 자가 돌이켜 생각해보니 자신이 겪은 바다는 천변만화하는 바다의 작은 등대섬 정도에 지나지 않았다고 여긴 것이다. 섬과 섬 사이로 솟은 붉은 등대 하나가 유독 쓸쓸해 보였다. 나는 등대를 배경으로 참갈파래 색 남방을 입은 그의 사진을 여러 장 찍어 주었다. "다시 태어난다면 등대지기가 되고 싶어요." 혼잣말처럼 되뇌던 그의 목소리에서 밀려가는 썰물 소리가 들려왔다. 그의 글 중 '돌아온 배歸港船'는 오랫동안 내 눈을 옭맨다.

섬에서 태어나 세계의 섬을 풍미하다 결국 섬으로 돌아와 다시 섬이 된 배. 그 배의 선명은 '돌아가는 배'였다. 지난봄 어느 날 섬이 생긴 이래 가장 화려하고 떠들썩한 집들이이자 배의 '명명식'을 치렀단다. 그 잔치의 흔적이 동네 어귀에서 잣밤나무가 우거진 뒷산 언덕까지 곳곳에 남아 있었다.······배는 아득한 안태의 모항으로 회귀한, '돌아온 배'였다.(19쪽)

육지로 돌아온 노老 선장이 사십여 년간 함께 항해하던 분신 같은 배를 자신의 고향에 정착시킨 사연이다. 선장은 배와 함께 세월을 버텼고 배는 선장을 의지한 채 기나긴 험로를 이겨내었다. 배가 오랜 항해를 마친 영광의 정박선이 되어 모항으로 귀향한 것처럼, 천지가 꽃불로 활활 타던 봄빛 붉은 어느 날에 그는 영영 바다의 고향으로 돌아가 버렸다. 허망하게 수필가 한 사람을 잃어버린 그해 봄은 그와 함께 떨어진 꽃잎도 아까웠다.

그리하여 독자들이여! 물빛 같은 웃음을 머금던 그를 행여 잊었다 하더라도, 돌아온 이 봄날에 그가 남긴 단 한 권의 해양 수필집 ≪바다의 기억≫을 다시 한번 기억해주시기를.

제4부

- **깊은 헌신으로**
  - 데이비드 호킨스 《내 안의 참나를 만나다》

- **왕국인가, 암흑의 나락인가**
  - 자크 모노 《우연과 필연》

- **두려움이란 땅에 묻어라**
  - 세르반테스 《돈키호테》

- **멈춤으로써 비로소 되돌아보는**
  - 유병근 《이런 핑계》

- **바람을 읽다**
  - 무라카미 하루키 《바람의 노래를 들어라》

- **시로 부르는 노래, 혹은 뜨거운 연서**
  - 이향영 《세븐스타, 그대들을 위하여》

- **자유, 그 불멸의 이름**
  - 카잔차키스 《그리스인 조르바》

- **삶에 지칠 때는 시장으로**
  - 이명랑 《삼오식당》

- **글이 안 써지는 백 가지 이유**
  - 김영하 《말하다》

- **거미집**
  - 이탈로 칼비노 《거미집으로 가는 오솔길》

깊은 헌신으로

≪내 안의 참나를 만나다≫
데이비드 호킨스 | 판미동 | 2008

자신에 대해 분노하던 때가 있었다. 불덩이 같은 화를 스스로 감싸 안고 어떻게 떨쳐 내야 출구를 찾을지 막막했다. 이성은 마비되었고 감성은 길을 잃었다. '내'가 있되 '나'는 전혀 존재하지 않았던 순간, 구원자 같은 글귀를 만났다. 이 책의 판권 맨 윗줄에 놓인 "데이비드 호킨스 박사의 저작을 읽고 더 이상 세상을 향해 화낼 일이 없어지는 체험"을 했다는 역자의 말이 단숨에 책장을 넘기게 만들었다.

'신의 현존에 대한 각성'이라는 주제로 오랫동안 연구한 저자는, '참나'를 만나는 것이야말로 신에게 다가가는 일이며 완전무결한 자신으로의 귀결이라고 보았다. 그에 따르면 인간은 누구나 참나가 내면에 존재한다. 참나는 본래의 나로서 에너지 그 자체인 순수한 빛으로 광휘롭다. 본질인 참나는 시비선악을 분별하지 않고 타인을 인정하며 이치에 맞게 행동한다. 반면, 함께 존재하는 에고는 물질적 자아라고 할 수 있는데 끝없이 '나'라고 주장하며 정신을 교란시킨다. 에고는 생존본능이므로 경험과 감정이 축적되며 대상을 있는 그대로 바라보지 않고 겹겹이 주관적 더께를 만들어간다. 시기와 질투와 비난으로 상대를 억누르기도 하고, 탐욕과 이기심과 자만심으로 존재감을 증명받으려고도 한다. 반대로 자신을 주눅 들게 하고 약자로 만드는 것도 허구적 자아인 에고라 할 수 있다.

흔히 우리는 깨달음을 얻는다고 말한다. 그러나 호킨스식이라면 깨달음이란 결코 획득하거나 강제되는 것이 아니라 내 안의 참나를 각성하는 일이다. 나를 둘러싸고 있는 에고가 벗겨져야 진정한 참나를 대면할 수 있게 된다. 그것은 구름이 걷어지고 난 뒤 광채가 빛나는 순간을 마주하는 일과 같다.

지난해 종영된 '한끼줍쇼'라는 텔레비전 예능 프로그램이 있었다. 길에서 만난 초등학생에게 진행자가 훌륭한 사람이 되라고 하자 이효리가 즉각 "뭘 훌륭한 사람이 돼? 그냥 아무나 돼!"라고 응수한 일이 있다. 그때 젊은이들이 열화 같은 호응을 보인 것도 짓눌렸던 에고에서 잠시나마 벗어난 해방감 때문이겠다. 사실 '아무나'가 된다는 것은 굉장한 말이 아닌가. 아무나 돼도 괜찮다는 것은 자신의 존재에 대한 믿음이며 긍정이 있어야 가능하다. 그 말은 나아가 "너는 네가 돼."라는 말로 환치할 수 있다. '내'가 있음을 알 때 비로소 '내'가 되는 것. 주변의 환경과 타인의 생각에 무심한 채 '나'로 살아가는 것만큼 어려운 일이 있을까. 비유적 예를 인용해본다.

> 우리가 고양이에게 "고양이로 존재한다는 게 어떤 것이냐?"고 묻는다면 고양이는 당황할 것입니다. 고양이는 그저 있는 그것일 뿐이며 식별 가능한 대상으로 스스로를 객관화시킬 필요가 없습니다. 그래서 고양이는 이렇게 반문합니다. "'고양이'라는 게 무슨 뜻이지?" 우리는 대답합니다. "너 말야!" 고양이는 대꾸합니다. "아, 그러니까 그게 바로 나로군. 아니면 그게 나를 부르는 이름인가?"(163쪽)

고양이는 답답할 수밖에 없다. 정말 '나'라는 게 무엇인가. 그것은 이미 설명했듯이 '나'로서 있는 것이다. 그러고 보니 지인 중에 매번 똑같은 이모티콘으로 카톡을 보내는 이가 있다. 마치 아보카도가 연상되는 초록 몸통에 볼 빨간 수줍은 얼굴을 빼꼼히 내미는데 번번이 웃음이 새어 나온다. 까칠하기로 소문난 그와는 이미지가 반대인 까닭도 있지만 무심스럽고도 투박한 그도 자두 속같이 연한 마음을 지녔음을 엿본 탓이다. 언젠가 그 이모티콘을 가리켜 '나 속에 나'라고 자신을 설명하던 말이 생각났다. 그는 분명 자신이 누구인지 어렴풋이나마 알고 있지 않을까. 그럼에도 에고로 뒤덮인 내 눈은 관념적 현상으로만 상대를 평가하고자 하였으니 영적 길은 멀고도 멀다.

호킨스 박사는 영성의 측정이 가능하다고 말한다. 과학적인 검증은 되지 않았으나 인간의 의식을 1부터 1,000까지의 레벨로 측정하고 있다. 평균적 인류는 200대이며 500대 이상이면 영적으로 성숙한 단계로 예수와 석가모니 등은 1,000에 이른다는 설명이다. 그렇다면 보통사람들은 의식지수 200을 넘기는 것도 어려울 것이며, 에고를 초월하여 참나를 발견하는 것은 거의 불가능하다. 하지만 우리의 삶에서 참나의 여린 빛줄기를 체험할 수 있는 기회도 있다. 물론 대가는 가혹하다. 호화로운 단식이나 고매한 명상을 넘어서 인생의 바닥을 내리쳤을 때 에고의 해체가 일어남을 느낀다. 지독한 절망으로 희망을 놓아버리고 비난과 경멸도 포기하여, 운명은 신의 뜻에 내맡기고 죽음에 대한 두려움까지 초월하게 된다. 육체와 정신이 기억과 감정에서 분리되어 다만, 오직 그것으로 가만히 있게 되는 절명 직전의 시간을. 무심無心의 상황을 넘겨본 자라면 이후의 현상학적인 사건들이 대체로 시시해질 것이므로, 돈과 명성과 환상과 욕망 앞에서도 크게 흔들리지 않는 내적인식이 깊어진다.

신에 이르는 길이 만 가지가 넘듯이 내면의 에너지를 진동시킬 방법도 천층만층이다. 호킨스 박사는 참나를 만나기 위한 최고의 열쇠가 "겸손"임을 강조한다. 겸손이라는 마음이 없다면 환상적인 "거울의 집"에 갇히는 우를 범하게 되는 것이다. 진심은 소박하지만 가짜는 천박하게 화려한 것처럼. 그런 뜻에서 "겸손함이 있을 때, 사람은 일체가 투사된 가치와는 무관하게 있는 그대로 있을 뿐"이라는 그의 말을 되새길 필요가 있다. 아울러 깨달음이라는 "최후의 문"을 통과하였다는 경험적 서술에는 전율이 인다.

> 심상이나 기억도 없다. 의식만이 앎 그 자체로서, 저 의식 앎의 대상이나 내용 없이 홀로 남는다. 그것은 어떠한 주체도 객체도 없이, 그 자체로서 그냥 있을 뿐이다. 그것은 앎 그 자체이며, 남아 있는 아는 '실체'는 없다. 이 시점에서 앎은 생명의 성질 그 자체와 동일시된다. 남아 있는 전부는 그저 '생명'일 뿐이다. 생명의 순수한 핵심에 대한 이 감각은 이전의 제한, 형용사, 동사, 혹은 명사들을 잃어버렸다. … 모든 두려움은 환상이다. 공포를 무시하라. 생명 그 자체를 내맡겨라. 육체의 죽음은 상대적으로 아무것도 아니다.(250~251쪽)

그러므로 내면의 스승인 참나를 만나고자 한다면 용기와 믿음, 그리고 깊은 헌신으로 부단하게 에고와 맞설 수밖에 없다.

왕국인가, 암흑의 나락인가

≪우연과 필연≫
자크 모노 | 범우사 | 1999

인간은 어디서 왔는가. 또 어떻게 탄생되었는가. 생명의 기원에 대한 논제는 언제나 흥미롭다. 이 책은 그에 대해 '우주 속에 존재하는 모든 것은 우연과 필연의 과실果實이다.'라는 데모크리토스의 명언으로부터 접근한다. 물론 저자 자크 모노는 인간의 탄생을 우연성에 두고 설명한다.

인간이란 우연적으로 만들어진 돌연변이며 당시 상황으로 생존과 생식능력이 좀 더 뛰어난 존재가 자연적으로 선택되어 지금의 인간이 탄생하게 되었다는 것이다. 모노의 주장에 따르면 35억 년 전, 지구에서 발생한 한 개의 돌연변이 세포에서 인간의 생명이 시작되었다. 우연히 발생한 이 생명은 인간의 역사상 실로 위대한 일이 되었으며, 진화를 주도하는 원리이기도 해서 엄청난 우주적 사건으로 확장되었다.

그것을 단백질의 예화를 통해 좀 더 구체화시킨다. 만약 2백 개의 아미노산으로 이루어진 단백질이 있다고 하면, 199개의 아미노산 잔기의 배열 순서를 정확히 알고 있다 하더라도 나머지 한 개의 성질은 전혀 예측이 불가능하다. 수백 종의 아미노산 배열 중 어떠한 이론적 규칙도 세울 수 없게 되는 것이다. 다시 말해 우연히 만들어지는 한 개의 개체 속에 생물의 기원과 혈통이 반영되기 때문에, 생물은 각 세포의 각 세대마다 '우연의 법칙'으로 수천 번 수만 번씩 재현되고 있음을 알 수 있다.

그러므로 자식이 부모를 닮는 것은 필연적인 사실이다. 하지만 부모와 완전히 똑같은 자식은 없다. 자식은 부모를 닮는다는 필연성을 바탕으로 하면서도 자기 고유의 우연성을 지닌다. 그것을 지각할 때 인간은 누구나 광대무변한 우주의 광야에 홀로 살고 있음을 알게 된다. 그러면 인간의 행동들을 고양이의 관점으로 서술한 베르나르 베르베르의 《고양이》 속 구절처럼 "너는 네 행성을 선택했어. 너는 네 나라를 선택했어. 너는 네 시대를 선택했어. 너는 네가 속한 동물종을 선택했어. 너는 네 부모를 선택했어. 너는 네 육체를 선택했어."라는 언술에 동의할 것이다. 결국 지금의 '나'라는 인간은 이 세계와 더불어 이번 생을 우연히 선택하였다는 결론에 다다른다. 그것을 인식한다면 세상을 향한 불만이나 부당함에 대한 좌표도 재설정되지 않을까.

우연과 필연의 방식은 삶의 곳곳에서 운명적으로 출현한다. 자크 모노가 다윈의 열렬한 독자였던 부친의 영향을 받아 생물학에 흥미를 갖게 된 것도, 젊었을 때 나치 정권의 침략에 대항하는 레지스탕스 운동의 지도자로 활약한 것도, 2차대전 이후 파리의 파스퇴르 연구소에서 세포생리학 실장을 맡은 것도, 그리하여 ≪우연과 필연≫이라는 책을 쓰게 된 것도 거슬러 오르면 모두 우연의 계기가 발동한 까닭이다.

때로는 우연을 운명이라고도 여긴다. 어머니의 술집에서 손님들이 부르던 유행가 소리를 듣고 흉내 내다 시를 쓰게 된 작가도 있고, 옹기도막 늙은이들의 평범한 손짓으로 흙덩이가 삽시간에 세련된 선을 가진 항아리로 재탄생하는 과정에 매료되어 창작의 영감을 얻었다는 소설가도 있으며, 과제로 쓴 시도 산문도 아닌 글을 남자친구가 감동하던 것을 보고 계속 습작을 하게 됐다는 수필가도 있다. 나 역시 어릴 때 뒷일이 급하여 들어간 남의 집 뒷간에서 밑닦이로 내놓은 김소월 시집을 만난 것이 문학의 불씨를 댕길 수 있었다. 그리고 보니 작가들에게 있어서 문학이라는 이름을 만나게 된 것부터 모두 운명이 아니었을까.

운명은 도무지 논리적으로 증명할 수가 없다. 우연이라는 개념이 조작되지는 않았지만 본질적인 의의를 가지는 수도 있다. 그것은 서로 완전히 독립하고 있는 두 개의 인과가 교차하는 데서 발생한다. 예컨대 우발사고 같은 것인데 만약 뒤퐁 박사가 새 환자로부터 급히 왕진하여 달라는 의뢰를 받았다면, "미장이인 뒤보와

가 이웃집 지붕에서 응급 수리를 하고 있다. 뒤퐁 박사가 그 집 아래를 지나가고 있을 때 미장이가 그만 실수하여 쇠망치를 떨어뜨린다. 쇠망치의 막하가 의사가 걸어가는 궤도와 교차하고 있었기에 그는 두개골을 맞고 죽어버리는 것"과 같다는 것이다. 이때의 우연은 명백히 본질적인 것으로서 자크 모노는 '완전한 우연의 일치'라고 설명한다.

모노가 주장한 진화론의 논리이다. 확률적으로는 일어나기 어려운 우연한 생화학적 반응에 의해 무생물 단계에서 생명의 기본인 세포가 우연히 탄생했고, 복잡한 진화과정을 거쳐 지금의 하등생명체 혹은 고등생명체라는 필연적인 존재가 만들어졌다는 이야기이다. 그러면 단세포 생물의 탄생이 수십억 년 전 단 한 번 발생했다는 것인데 이를 두고 오늘날의 분자생물학자들은 어떻게 반론을 제기할까.

이 책의 핵심은 모든 가치는 과학을 기반으로 하여 재정립되어야 한다는 것이다. 과학만이 참된 지식만을 추구하며 과학만이 객관적이며 명료한 기준을 제시한다는 주장이다. 그러면서도 인간이 가장 우월한 존재가 아니라 우주의 일부분임을 인정해야 함을 강조하였다. 무릇 비과학적인 것들에 대해 관심을 가지는 작가로서 그의 과학 중심 사고에 몰입되지 못한 부분도 많았으나, 광활한 우주를 통해서 인간이 겸손함을 배워야 한다는 점에서는 격렬히 동의하게 된다.

다시 읽어도 책의 진입 과정은 높았지만 "우리의 운명이나 우리의 의무는 어느 곳에도 쓰여져 있지 않다. 인간은 혼자 힘으로 '왕국'과 암흑의 나락 중의 어느 하나를 선택하여야 하는 것이다."고 한 마지막 장의 '왕국의 나락'은 오래도록 책을 쥐게 만든다. 그의 말대로 살아 있는 모든 존재는 또한 화석이기도 하니까, 선택의 몫도 결국 각자에 달려 있는 것.

두려움이란 땅에 묻어라

≪돈키호테≫

세르반테스 | 시공사 | 2015

일상이 파편적으로 해체되고 계획했던 삶에 균열이 생겨났다. 처음 겪는 역병이 혼란스럽고 예상치 못한 상황으로 치달을까 봐 모두 불안하다. 상실감이 바닥을 치기 전에 각자 타개할 수 있는 현명한 방법을 터득해야 한다. 인생이 정답은 없지만 스스로 희망을 품는 것이 최우선이다. 그러기 위해서 "친구여, 두려움이란 땅에 묻어라."고 외친 돈키호테의 용기를 되새겨 볼 일이다.

스페인의 대문호 세르반테스의 ≪돈키호테≫(박철 역, 시공사) 완역판 두 권이 천팔백 쪽에 가깝다. 이 책은 서구 문학에서 가장 널리 읽히는 고전 중 하나로서 1605년 1편이 출간되자 무려 3만부가 인쇄되었다. 1615년에 출간된 2편 서문에는 돈키호테를 읽은 중국 황제가 작가를 초청했다는 내용이 있을 만큼 동양으로까지 폭발적인 인기를 누렸다.

≪돈키호테≫는 세르반테스의 인생관이 들어있는 글이라 할 수 있다. 그는 24세 때 스페인 군대에 자원입대하여 레판토 해전에서 총상을 입고 평생 왼팔을 쓰지 못하는 불구가 된다. 항해길에는 해적선의 습격으로 포로가 되어 5년간 감옥생활 끝에 몸값을 지불하고 간신히 풀려났다. 귀국 후 세금 징수원이 되었으나 세금을 맡겨둔 은행이 파산하면서 다시 7개월 옥살이를 하게 되는데 이때 ≪돈키호테≫를 구상한 것으로 추정한다.

그의 삶은 평생 고통과 고난의 연속이었다. 그러나 저자의 친구 조언대로 "우울한 사람은 웃게 만들고, 생글거리는 사람은 더 많이 즐겁게 해주고, 단순한 사람은 따분하게 만들지 말고, 분별력 있는 사람은 기발한 고안에 놀라게 하고, 고지식한 사람은 그것을 깔보지 않게 하고, 신중한 사람은 칭찬하지 않을 수 없도록" 할 만큼 문학으로서 온갖 비극을 해학과 유머로 승화시키고 자유와 생명이 얼마나 값진 것인지를 증명해내었다.

작품 속에는 황제, 공작, 여신을 비롯하여 기사, 신부, 시인, 병사, 이발사 외에도 도둑, 매춘부, 점성가, 노예 등 660여 명의 인물이 나온다. 당시 스페인은 사치와 향락으로 지낸 국왕 펠리페 3세와 각료들의 무사안일주의와 재정 정책 실패로 민중들의 삶이 점점 피폐해져 가고 있었다. 세르반테스는 이러한 등장인물들의 입을 빌려 심각한 사회 문제를 비판하였다. 주인공 돈키호테는 불의에 목숨을 걸고 헌신한 정의의 인물이며, 그가 도전한 풍차는 부패한 교회와 성직자와 귀족 등 권력자를 상징한다. 광인의 입을 빌어 진실을 이야기하였기에 의의는 더욱 크다고 하겠다.

하지만 우리는 돈키호테를 다 읽지 않아도 모두 안다고 믿는다. 정신 나간 시골 노인이 기사도 책을 탐독하다가 편력 기사가 된 이야기, 로시난테라는 깡마른 말을 타고 놋대야 투구를 쓰고 시종 산초를 데리고 떠난 엉터리 모험담, 거인으로 착각한 풍차를 향해 돌진하는 무모한 내용들. 이것들이 모여서 만들어진 돈키호테라는 인물은 과대망상증을 지닌 어리석고 황당무계한 자로 전락하였다.

그 책임은 최초의 번역자 육당 최남선 선생까지 거슬러 올라간다. 그는 잡지 ≪청춘≫을 통해 돈키호테를 ≪둔기호전기頓基浩傳奇≫라고 소개하였는데, 풀이하면 '아둔한 자의 우스꽝스러운 이야기'가 되니 독자에게 미치광이 영웅담으로 단단히 각인시켜 버린 것이다. 그러나 완역본을 만나기 전까지는 괴괴망측한 기행을 나열한 오락책쯤으로 당연히 오해하게 된다.

내가 생각하는 돈키호테의 가장 큰 매력은 현실을 뛰어넘는 힘이다. 그는 이발사 대야를 황금투구로 보고 물레방아 소리를 유령의 울음으로 들었으며 객줏집을 성으로 생각했다. 보이지 않는 것을 보고 들리지 않는 것을 듣고 생각지 못한 것을 생각하는 탁월한 능력을 지녔다. 사람들은 대부분 그 장면을 비웃겠지만 아마도 나 같은 미천한 글쟁이라면 작가 이상으로 상상의 세계를 발견하는 그의 광기가 부러울지도 모른다.

돈키호테의 독서력은 또 어떤가. 중세기사의 무용담을 읽느라 밤을 새우고 책을 사기 위해 논밭도 모두 팔았으며 심지어 하도 책을 많이 읽어 골수까지 말라 버렸다. 나폴레옹이 전쟁 중에도 책을 놓지 않았다거나 조선시대 독서광인 이덕무가 눈병이 나도 실눈을 뜨고 독서 삼매경에 들었다는 이야기는 들어봤지만 어느 누구도 골수가 마를 때까지 책을 읽지는 못했다.

그뿐만 아니라 책을 믿고 자신의 신념을 즉시 실행한다. 돈키호테는 자신의 본분에 대해서 "평온한 일상, 안락한 삶, 휴식은 비겁한 귀족들을 위해 있는 것이며, 모험, 불안정한 생활, 결투 등은 편력기사들을 위해 있는 것"이라며 불의에 맞서는 일이라면 주저하거나 미루지 않는다. 풍차와 일전을 벌이고 군대로 확신한 양떼와 싸웠으며 적으로 생각한 포도주 자루를 박살 냈다. 숱한 싸움에서 넘어지고 엎어지고 이빨이 뽑힐지언정 당당히 앞장선다. 멸시와 비난을 견뎌내며 약자를 돌보는 따뜻한 인간애도 품는다. 그러기에 초라하고 왜소한 이 늙은 기인을 응원하지 않을 수가 없다.

돈키호테가 가장 두려워한 것은 무엇인가. 풍차 거인이나 사자 무리처럼 강력한 적을 만나는 것이 아니다. 꿈을 포기해야만 하는 순간이다. 고향 친구가 가장한 '하얀 달의 기사'와의 싸움에서 패함으로써 그는 꿈을 접고 귀향의 약속을 이행하게 된다. 진정한 기사는 약속도 충실히 지켜야 했으므로. 집으로 돌아온 돈키호테는 열병을 얻고 불면의 밤을 보내다 우울증에 빠져 숨을 거두고 만다. '미쳐서 살고, 정신 차려 죽는다.'라는 그의 묘비명 글귀를 읽다 보면 가장 웃긴 희극이 가장 슬픈 비극임을 절감케 된다.

지난여름, 나는 스페인 중부지방을 여행했다. 끝도 없는 올리브밭을 지나 소설 속 돈키호테의 고향 라만차 평원의 콘수에그라 풍차 언덕 마을에 다다랐다. 그곳에는 세르반테스가 돈키호테를 집필하며 묵었던 여관이자 돈키호테가 성으로 착각해 엉터리 기사 작위를 받은 객줏집이 실제로 존재한다. 마을 곳곳에는 돈키호테의 동상이 세워졌으며, 돈키호테의 길이 만들어졌고, 돈키호테 박물관도 지어졌다. 주민들과 여행자들은 더 나은 세상을 꿈꾸라고 외친 라만차의 사나이에게 진정으로 박수를 보내고 있었다.

사람들은 왜 아직도 돈키호테에게 열광하는가. 세상을 무대로 즐겁게 산 자, 좌충우돌하면서 희망을 포기하지 말라는 메시지를 던져준 자가 돈키호테이다. 속물적인 왕과 귀족들을 풍자하고 정의를 사랑했으며 인간을 믿었다. 산초와 나누던 수많은 대화는 경구가 되고 선시가 되어 여느 철학자 못지않게 울림을 주고 있다. 돈키호테는 자신이 무엇이 되고 싶은지 분명히 알고 있었다. 세상을 변화시킬 수 있는 자도 돈키호테형 인간이다. 고민만 하다 죽은 햄릿보다 정의를 위해서 목숨 건 돈키호테가 훨씬 낫지 않은가. 그러니 따뜻한 인간미와 불굴의 용기를 가진 우리의 영원한 편력 기사에게 박수를 아니 보낼 수 없다.

감히 이룰 수 없는 꿈을 꾸고 감히 이루어질 수 없는 사랑을 하고 감히 닿을 수 없는 별에 이르고자, 견딜 수 없는 고통을 견디며 아무리 멀지라도 우직하게 걸어가겠다는 그의 말이 가슴에 박힌다. 이제 사백 살이 된 불멸의 영웅 돈키호테가 머뭇거리다 기회를 놓친 사람들에게 일러준다. 실패하더라도 도전해 봐야 후회가 남지 않는다고.

멈춤으로써 비로소 되돌아보는

≪이런 핑계≫
유병근 | 수필과비평사 | 2014

목재牧齋 유병근 선생의 저서가 오롯이 한자리에 모여 있다. 생전에 시집과 수필집 30여 권을 발행했으니 몇 권 이가 빠졌어도 내 책꽂이 위 칸에 줄지어 촘촘하다. 시인 유치환과 김춘수, 소설가 박경리, 작곡가 윤이상 등 걸쭉한 거장들을 배출한 도시, 통영 출신을 증명이라도 하듯 시집 ≪통영 벅수≫가 단연 눈에 띈다. 회고에 따르면 최초로 접한 시집이 중학교 때 김춘추 시인의 ≪구름과 장미≫였다고 하니, 통영 바다의 청잣빛 물색이 선생에게도 문학적 태동으로 스며들지 않았을까.

호號를 표제로 한 ≪목재수필≫에 이어 잠언을 연상케 하는 ≪어쩌면 한갓지다≫, ≪어깨에 쌓인 무게는 털지 않는다≫, ≪꽃도 물빛을 낯가림한다≫라는 시집과, 스스로에게 전하는 경구 같은 ≪허명놀이≫, ≪술래의 꿈≫, ≪꽃이 멀다≫, ≪아으 동동≫ 등의 수필집 제목도 눈길을 잡는다. 불쑥 뽑아 든 책 한 권의 표사 글에 밑줄이 선명하다. "여기 고요가 벼린 사유의 촉수가 있다. 허다한 소요를 멈추게 한 묵언정진, 말을 멈춤으로써 비로소 만져 볼 수 있게 된 세계. 나아가지 않고 가지지 않음으로써 마침내 도달한 세계. 여기에 이르면 세상 모든 세목들이 숨긴 안과 밖이 훤히 보인다." 선생의 문학 세계를 단숨에 집약한 문장으로 손색이 없다.

수필집 ≪이런 핑계≫를 펼쳐 든다. 서문에 "수필쓰기는 때로 가슴을 찌르는 먹먹한 고질병이다."라는 말에 꽂혀 책장을 넘긴다. 섬, 돌, 햇빛, 바람, 안개, 먼지, 강물, 꽃과 나무 등 자연을 포착하고, 표정, 트집, 울음, 핑계, 손짓, 기척, 변명 등의 심상을 소재로 하여 생생한 풍경 이미지를 표현해내었다. 그것은 선생을 뵐 때마다 손에 들려있던 메모장과 볼펜의 공적 덕분이리라.

길을 걷는 중이거나 지하철 안에서든 얼핏 생각이 떠오르면 그걸 쪽지에 얼른 적는다. 그 서툰 품을 혹 젊은이가 보면 답답해할 것이다. 그냥 스마트폰으로 찍으면 간단하게 해결될 것을 그러지 못하고 종이쪽지에 적는다.(수필 〈꽃의 세례〉 일부)

쪽지에 뭔가를 끼적거리는 자국은 엉뚱하지만 그 쪽지의 내면에 깃든 속청을 찾아내려고 한 노릇인지도 모른다. 가만히 침묵하고 있는 빈 쪽지이지만 그 속에는 아무도 미처 찾아내지 못하는 내용물이 깃들어 있을 것이다.(수필 〈수필행〉 일부)

내가 직접 문학수업을 받지는 않았어도 선생을 가까이서 뵐 기회는 많았다. 해마다 두 번씩 참가하는 어느 단체의 문학세미나 때는 십수 년째 문우들과 함께 선생을 모시고 동행하였다. 오가는 차량 속에서도 선생은 늘 조용하였고 인자했으며 인품을 잃지 않으셨다. 그때도 한결같이 구겨진 메모장과 볼펜은 손에서 떠나지 않았다.

문인들과 제자들은 "존경한다."라는 이구동성으로 지극히 선생을 받든다. 누구에게나 높임말을 쓸 정도로 겸손하고 깍듯하게 대했으며 작은 폐라도 끼칠까 봐 언행을 철저히 경계하였다. 이 시대에 수많은 스승이 있고 넘쳐나는 제자가 많지만 존경할 만한 스승, 평생을 받들어 모실만한 선생이 있다면 참으로 홍복이라 하겠다. 제자들의 증언을 들어보면, "여기저기 얼굴을 내밀거나 이름을 팔며 어깨에 힘주지 않는" 문인이 되기를 당부하였고, "먼 훗날 상이 남는 것이 아니다. 좋은 작품 하나가 남도록 글을 써라."며 의기로운 문학정신을 일깨워 주었다.

선생의 문학 활동은 시와 수필을 모두 아우른다. 수필 속에 시가 있고 시 속에 수필이 있다는 합일론이 그의 문학 인생이었다. 평소 시와 수필을 두고 "시가 없는 것을 만들어내는 창조라면 수필은 있었던 것을 창조적으로 재현하는 것"이라는 신념으로 오로지 고독한 창조의 정신을 강조하였다. 그러므로 선생께 문학은 종교이며 글쓰기는 구도자의 행위였다. "과녁을 찾아 날지 못하는 문장 안에 망가진 화살 하나 옹이처럼 자라고 있다 내 몸에 더부살이하는 화살, 나는 그 화살을 내 살의 몫으로 쓰다듬는다 어루만진다"(시 〈화살나무를 모르고〉 일부)라든가, "수필가는 모름지기 존재의 새로운 그림자를 찾아 나서는 고행주의자이다. 그 노력은 수필의 길에 보다 참신한 바람이 될 것이다."(수필 〈그림자를 찾아〉 일부)라는 자기수양의 결정체로 남게 되었다.

　작가는 상식을 뒤엎어야만 새로운 세계를 창조할 수 있다. 자신이 쌓아놓은 벽이 견고할수록 문장의 화살은 부딪히고 꺾여 생살을 찢는다. 그러나 쓰다듬고 어루만지고 다독거려서 무화시키면 결국 동일시되는 자신을 발견하게 되는 것이다. 내 속에 들어온 침향이 번민이 되기도 하고 때로는 사랑이 될 수도 있으며 알곡의 글로 남게도 된다. 그런 의미에서 선생 또한 표피적인 글쓰기는 거부하였다.

　대안으로 주장한 무無의 언어법도 주목할 일이다. 즉, '무'는 보이지 않는 것의 보임을 뜻하기에 때로는 수필 속에서 말할 수 없는 상태를 말해야만 한다. 그럴 때 참신한 낯설세하기가 등장하는 것이다. "걸레로 빡빡 신발장 바닥에 앉은 먼지를 끌어낸다. 화장실 바닥에 쭈그리고 있는 걸레를 집어 든다. 현관 바닥을 닦은 걸레는 담배씨만 한 모래 알갱이와 흙먼지 같은 것을 이미 껴안고 있다. 낭패다. 글을 쓰는 눈에 군더더기 문장은 좀체 보이지 않던

흙먼지였다. 오! 마이 갓."(수필 〈수필은 걸레다〉 일부). 따라서 수필을 '걸레'에 비유하는 역설이 탄생되었다고 하겠다.

　선생이 도달하려고 하는 문학의 지점은 어디인가. 군더더기 없는 겨울 산 같은 의식의 접점이 아닐까. 걸레질하듯이 대상을 천착하여 이미지를 새롭게 볼 때 비로소 개안開眼이 이루어진다. 선생의 문학적 상상력에 주목하면서 일관되게 강조하여 온 "여기 한 접시가 있다. 과일을 담으면 과일 접시가 되고 꽃을 꽂으면 꽃꽂이 접시가 된다."는 변용이 문학의 바탕임을 재확인한다. 이 시대의 진정한 선비 문인의 덕목과 겸손함을 거듭 되새기면서.

　담도암 진단을 받고서 2년여 동안 병원을 오가던 선생은 2021년 4월 23일 새벽 향년 90세로 영원한 문학의 세계에 잠드셨다. "내가 아는 최고로 양심적인 문학인이었다."고 애도한 어느 작가의 술회가 아니더라도 선생의 겸허한 자세를 떠올리면, 앞으로의 빈자리는 더욱 크게 느껴질 것이 분명하다.

바람을 읽다

≪바람의 노래를 들어라≫
무라카미
하루키 | 문학사상사 | 2006

요트 세일링 팀이 정해졌다. 출항 인원은 모두 여섯 명. 선장의 말대로 선실 식탁에 앉으면 딱 마침맞은 멤버이다. 우리의 캡틴이야 닉네임만 벙긋해도 엄지를 추켜올릴, 알 만한 사람들은 다 아는 바다에서 잔뼈가 굵은 뱃사나이다. 난생처음 돛배를 타는 나를 제외하고는 벌씨 뱃머리에 자리잡고 셀카를 찍으며 제대로 유랑을 즐길 준비가 되어 있는 축과, 세일을 살펴보고 풍향을 확인하거나 밧줄을 풀고 키잡이 역할을 자청하는 팀으로 나뉘어 저마다 분주하다.

이것이 바다 스포츠인지 항해인지 유람인지 애매하지만 어쨌든 우리의 원정대는 한배를 타게 되었다. 오늘의 항로는 계류장에서 출발하여 광안리 앞바다를 한 바퀴 휘돌고 광안대교 너머로 떨어질 불덩이 같은 해넘이를 먼저 구경할 것이다. 그리고는 오륙도 인근 바다까지 나갔다가 되돌아오는 코스로 뱃길은 짧지만 시간은 넉넉히 비웠다.

영화에서처럼 세일링복을 입은 항해사도 없고 멋진 비키니 미녀도 보이지 않으며 석유 부자들이 타는 호화 요트는 더더욱 아니지만, 매일 밟는 시멘트 바닥을 벗어나 물 위를 딛고 섰다는 사실에 감격한다. 그러니 동지애나 전우애 같은 것이 왈칵 솟구쳐서 대마도까지라도 횡단할 것 같은 결기가 생겨나는 것도 당연한 일. 짐작건대 잔잔한 밤바다 위에 배를 세우고 선상 요리로 준비한 소박한 저녁을 들며 커피잔을 부딪고 그저 맑은 얼굴로 한담을 나누는 시간이 최고의 풍경이 될 터이다. 더불어 올 한해 가장 호사로운 휴식으로도 각인될 것이므로.

선장이 뱃길을 낸다. 그가 바람의 길을 따른다. 요트의 용골이 선체를 받쳐주고 있듯이 수심을 짚고 균형을 잡고 바람의 각을 조절하는 그를 우리는 믿는다. 역풍이 오거나 맞바람을 마주하더라도 뱃머리를 꺾고 돛을 풀고 바람 자락을 감싸는 것도 선장의 몫이다. 그런 까닭에 옛날 뱃사람들은 배를 부리는 일이 곧 바람을 다스리는 것으로 여겨 '풍風질'한다고 표현하지 않았을까. 강렬한 태양을 온몸에 받은 남자, 손바닥에 수없이 물집이 생겼을 남자, 바다의 길을 통째로 외웠을 남자. 사공의 다른 이름을 암해자暗海子라고 부르는 까닭이다. 바다에서 물고기 울음소리만 듣고도 복

어치 우는 소리인지 조기 울음인지 가릴 줄 안다는 캡틴의 손길에 배가 파도를 헤치고 나아간다.

선상에 서니 바람이 쏟아진다. 약한 바람은 보듬고 센 바람은 흘려보낸다. 새들도 흐르고 물살도 흐른다. 흐르는 만큼 떠나온 거리를 생각하는 시간, 함께여도 철저히 혼자가 되는 시간. 모두들 말이 없다. 요트는 그동안 내 삶과 아무 상관이 없었다. 앞으로도 크게 상관없을 것 같지만, 그럼에도 오늘의 내가 이 속에 들어 있다. 삶이든 사람이든 때로는 외면했던 일도 받아들여야 할 때가 있는 법. 바다는 지금 어느 계절인가, 나의 시간은 어디쯤 지나왔을까. 밤바다가 모든 계절을 덮어버리듯이 아물지 않은 상처가 있다면 이곳에서는 무화시킬 수 있겠다.

어느새 엔진이 꺼졌다. 이제는 돛을 열고 간다. 말려 있던 흰 돛이 점점 부풀려져서 하늘을 덮는다. 돛자락이 바람을 받고 펄럭인다. 바람이 세도 바람이 없어도 돛배는 나아가기 힘들다. 바다 어디에도 똑같은 파도가 없듯이 한 번도 같은 바람은 불어오지 않는다. 진정한 뱃사람은 바람이 오고 돌고 터지고 끊기는 것을 눈치채야 하며, 바람을 물고 듣고 달래고 바람에 기댈 줄 알아야 한다. 바람과 싸우면 지는 것이다. 바람과 정면으로 마주치면 돛은 떨게 되고 배는 그만 정지하고 만다. 그것이 돛배의 원리다.

배가 한쪽으로 누워서 간다. 아마도 옆바람을 받았으리라. 갑판 너머로 훅 들어오는 소금기 머금은 해풍을 날숨으로 내뱉는다. 오로지 지나는 바람만 있을 뿐 머무는 바람은 없다는 것도 안다.

적당한 거리두기는 바다나 육지나 매한가지다. 바람을 읽는 자가 요트를 움직이듯이 마음을 읽는 자는 사람을 움직인다. 생의 강풍 앞에서도 바람길을 잘 보는 자만이 순항을 할 수 있듯이.

  우리의 선장이 반곡점에서 뱃머리를 튼다. 그가 또 다음 세일링에 초대장을 내민다. 풍링을 선디며 함께 갈 바다의 동지를 구하는데, 나는 멀미로 탈락 일 순위에 들고 말았다. 그래도 오늘만은 아임 세일링, 바람을 따라 흘러간다. 하루키도 첫 책에서 일러주었지. 그저 "바람의 노래를 들어라."고.

시로 부르는 노래, 혹은 뜨거운 연서

≪세븐스타, 그대들을 위하여≫
이향영 | 문학의식 | 2020

가히 트로트의 전성시대라 할 만하다. 텔레비전 예능 프로그램인 '내일은 미스트롯'의 열풍에 이어 '내일은 미스터트롯'의 광풍으로 한국 대중음악은 트로트의 절정에 도달하였다. 트로트라는 장르로 진행된 오디션에 참가자들이 보여준 가능성은 무궁무진했다. 숨겨진 명곡들이 터져 나오고 성악과 마술, 태권도와 에어로빅, 삼바춤과 폴댄스 등 다양한 장르와 접목되어 신선한 충격을 안겼다.

트롯맨들의 인기는 세대의 벽을 허물고 시공간의 한계를 뛰어넘었다. 아이돌 그룹에 열광하며 유튜브와 SNS 등 OTT를 선호하는 젊은 시청자들까지 텔레비전 앞에 앉게 하였다. 가슴을 후벼치는 음색에 눈물을 흘리며 버라이어티한 무대를 선보이는 열정의 퍼포먼스에 아낌없는 박수를 보내었다. 그들의 공연 무대는 매회 새로운 신화를 탄생시켰고 무엇보다 세계적 팬데믹 현상인 코로나를 견디게 만들었다. 왕관의 주인공이 정해지고 나서야 경연은 종지부를 찍었다.

한국인의 신명의 역사는 고대로부터 이어져 내려왔다. 천신을 섬기는 제천행사를 하면서부터 신명의 유전질을 춤과 음악으로 풀어내었다. ≪삼국지 위지동이전≫에도 우리 민족은 한번 놀기 시작하면 술 먹고 고기 먹고 춤추고 노래하며 사흘 밤낮을 보낸다고 기록되어 있다. 그러한 흥취가 오늘날 대중음악과 접목되어 트로트라는 가장 한국적인 노래가 탄생된 것이다. 트로트 음악이 공동체 축제에는 풍류로 즐겼지만, 식민시대와 전쟁의 아픔을 겪으면서 눈물과 이별로 한(恨)을 달래주었다.

코로나팬데믹 시대인 지금은 어떤가. 마치 14세기 유럽을 휩쓴 흑사병의 대재앙이 떠오르는 불안한 날들이다. 당시 중세인들은 악을 버리고 선한 일을 하며 죄를 자백하는 종교적 믿음으로 전염병의 충격을 극복하고자 노력했다. 이 어려운 시기에 대한민국은 뜻밖에도 트로트 음악이 국민들에게 위안과 용기를 주고 있다. 바로 그 중심에 '내일은 미스터 트롯'이 배출한 트롯맨과 그들의 노래가 있다.

흑사병의 초토화를 목격한 이탈리아 작가 보카치오는 당시의 고통 받는 자들을 위로하기 위해 '10일간의 이야기'라는 의미의

≪데카메론≫을 집필했다. 그의 작품에서 인간은 불행을 맞닥뜨리게 되어도 체념하거나 굴하지 않으며, 맞서 싸워 지혜로 살아남는 개척자로서의 인간상을 그려내었다. 작가란 시대를 반영하는 거울이 아닌가. 동시대의 흐름을 포착하여 언어의 지문을 찍어내는 일이 작가의 운명이라 할 수 있다. 그러한 작가정신이 많은 문인으로 하여금 책상 앞에 앉게 만들었다. 복잡한 일상을 잠시 접어두고 신명나는 글판 속으로 환승할 수밖에 없다.

대중문화는 대중의 기호가 우선이다. 대중의 지지는 곧 인기와 연결되므로 대중의 위상 또한 강화되어 사회적 세력의 중추적 존재로 부상했다. 영화와 음악과 연극, 미술 등 심지어 비상업 분야인 학술 연구에까지 다양하게 대중문화가 접맥되고 있으며 문학 역시 자연스레 수용하게 된다. 문학이란 사회적 분위기를 외면할 수 없으므로 작가들은 대중을 의식하면서 창작활동을 이어가게 마련이다.

그 결과 현시대의 대세인 트로트가 문학적 변용이 되는 것은 자연스러운 현상이다. 과묵하던 작가들도 스스로 '찐팬'이라 지칭하면서 여기저기 트로트를 소재로 한 글이 쏟아져 나온다. 작가들이 대중의 문화적 기호에 천착하게 되면서 트로드롤 창작의 제재로 차용하게 된 것이다. 대표적인 예로 이향영 작가는 외아들을 잃은 아픔을 딛고 "아들에게 글을 쓰듯, 노래 가사와 시의 형식을 빌려 미스터트롯 7명에게 편지를 썼습니다."라는 모성애적 응원을 담아 ≪미스터트롯, 그대들을 위하여≫를 상재했다. 아울러

각종 신문과 잡지에서도 지금까지 꾸준히 트로트를 소재로 한 글들이 쏟아져 나오고 있다.

이러한 현상은 소녀팬이나 삼촌팬들이 아이돌 가수에게 보여준 맹목적인 이성적 우상론과는 구별된다. 스타를 추종하는 절대적인 환호와 열광의 수용자에서 벗어나 참여자로서의 변화를 시도한 것이다. 그동안 그림이나 웹툰, 블로그와 동영상 그리고 팬픽fanfic이라 부르는 소설 등으로써 팬덤문화가 생산되었지만, 작가의 참여는 문학과 트로트의 결합이라는 독창적인 팬덤 양식을 탄생시킨 것에 의의를 둘 수 있다.

작가들뿐만 아니라 방송사와 가수들도 문학판에 환승하게 되었다. 트롯맨들이 출연하는 한 방송사에서는 시청자들이 시, 시조, 수필 등 문학 작품으로 사연을 직접 편지로 쓰게 하는 '문학의 밤'을 마련하였고, 트로트 가수 주현미는 QR코드를 찍으면 책을 읽으면서 명곡들을 감상할 수 있게 한 음악 오디오와 글이 결합된 《추억으로 가는 당신》을 발간하였다. 거슬러 오르면 신라 시대 사람들이 부른 향가 역시 대중가요와 다를 바 없고, 그 노랫말을 한자의 음과 뜻을 빌려 기록한 향찰 또한 기록 문학 작품이므로 문학과 대중가요와의 교접 역사는 음악의 기원부터 시작됨을 알 수 있다.

'트롯맨'이라는 타이틀은 이제 명실공히 하나의 브랜드가 되었다. 전무후무한 경연 무대를 가진 참가자들 덕분이다. 같은 곡도 트롯맨이 부르면 인기곡이 되고, 묻혔던 곡도 그들이 노래하면

명곡으로 재탄생된다. 저마다의 개성과 매력을 가진 트롯맨들이 시청자들을 압도한다. 방송사마다 트로트 음악을 다채롭게 풀이해 내며 다양한 콜라보레이션을 선보인다. 트롯맨들의 무대는 뉴스와 광고, 예능과 콘서트 등으로 확장되어 대중문화 콘텐츠를 확장시켜나가고 있다.

전 국민을 상대로 신청곡을 불러주는 프로그램만 보더라도 수천 통의 전화가 걸려 오고, 전국 투어 콘서트 예매는 발매 시작과 함께 전석 매진을 기록하는 놀라운 티켓파워를 보여주었다. 출연 영상 조회수가 수직상승하며 관련 기사의 응원 댓글은 봇물을 터트렸다. 트롯맨들은 음악 장르와 함께 팬덤 문화까지도 긍정적으로 바꾸어 놓았다. 경쟁 가수를 비방하기보다는 박수를 보내고 자신의 가수에게 더 열광하는 것으로 응원 풍토도 변모했다. 스타를 위하여 전염병 기부금을 내고 팬 이름으로 다양한 봉사를 한다. 오직 노력으로 지금의 자리를 이루어낸 그들의 열정에 진정으로 감동하기 때문이다.

그동안 트로트의 예술적 품격은 편협하게 판단되어져 왔다. 신파적이고 촌스러운 중년 음악이라는 선입견을 가졌거나, 왜색적이며 천박하다고 여겨 일명 '뽕짝'으로 비하했다. 끊임없이 대중의 취향을 의식하며 변화와 발전을 거듭했지만 가요계의 지각 변동을 일으키기엔 역부족이었다. 그러한 트로트가 기성세대층이 즐기는 소수성에서 벗어나 전 국민이 몰입하는 다원성을 지니게 되었다. 이제 보통사람이 즐기는 '대중음악Popular Music'으로서 당당히 자리 잡은 것이다.

　스타의 골수팬들이 포털사이트에 하트를 날리며 인기투표를 하고 온라인 동영상 스트리밍을 하듯이, 각 문예지마다 작가들이 트롯맨들을 위한 헌시로서의 글이 쏟아지는 이유가 여기에 있다. 고통의 삶을 견딘 작가들 스스로에게도 트로트라는 대중문화가 회복과 재생의 시간이 된 까닭이다.

　문학이란 자아와 대상과의 교접을 통해 서사를 재구성해나가게 된다. 대중문화 시대에 대중의 활용과 기호에 맞게 트로트가 변천하듯이 문학 역시 위계적이고 권위적인 문화를 넘어 자율적인 융합으로 지평의 확장이 필요하다. 다만, 무조건적으로 저급한 대중문화에 편입되거나 진지한 모색 없이 추종한다면 문학의 본질이 훼손될 가능성이 크다. 그러므로 작가 스스로 탄탄한 문학성과 심층적인 작가의식을 갖고 대중문화를 선별 수용할 때 문학으로서 소통과 발전을 기대할 수 있을 것이다.

자유, 그 불멸의 이름

≪그리스인 조르바≫
카잔차키스 | 열린책들 | 2009

　　자유라는 말은 석고상 같은 사람의 가슴도 흔든다. 그 소리는 우물 속 두레박이 부딪힐 때처럼 명징하여 겁 많은 이들의 손을 잡아주고 장벽에 갇힌 자에게는 벽을 허물어 준다. 자유가 안내하는 길을 따라가면 삶이 얼마나 도전적인지, 트인 세상은 얼마나 멋진 곳인가를 알려준다.

　한때 많은 것을 잃었다. 부모를 한꺼번에 잃고, 가진 돈이 바닥나고, 운영하던 학원이 넘어갔다. 믿었던 사람도 흔들렸고 절망으로 심신이 무너졌다. 심한 신열로 온몸이 불기둥이 되어 오한으로 몸을 떨었는데, 뚜렷한 병명은 없었다. 아무것도 하지 못한 채 한동안 누에고치처럼 나직이 엎드려만 있었다.

나약해질 대로 나약해진 마음을 추스르고자 강화도에 있는 지인의 빈집에 한 달간 머물게 되었다. 강화도의 맹추위는 나를 방 안으로 가두었고, 무료해진 나는 방 한켠에 꽂혀 있던 여남은 개의 비디오테이프를 모조리 돌려서 보았다. 그때 처음으로 본 '희랍인 조르바'에서 카잔차키스와 크레타섬을 만났다. 그 후 해변에서 춤을 추던 조르바의 모습처럼 내 마음도 안정과 자유를 되찾았다. 사람들을 만나고, 일을 시작하고, 아이를 키우면서 나는 세상 밖으로 나왔다. 그리고 조르바는 자연히 잊혀졌다.

그러다 어느 여름날 우연히 중고서점에서 활자로 된 조르바와 다시 조우하게 되었다. 책을 읽는 동안, 크레타섬은 나에게 긴 상상의 끈을 만들어 주었다. 일본 작가 무라카미 하루키가 이 책을 읽다가 불쑥 크레타섬으로 여행을 떠났듯이 나 또한 지도 밖 세상으로의 여행을 꿈꾸게 하였다. 카잔차키스에게 있어서 크레타섬은 "한 번 부르면 가슴이 뛰고, 두 번 부르면 코끝이 뜨거워지는 영혼의 섬"이며, 내게 있어 크레타섬은 "카잔차키스가 있어 가슴이 뛰고, 조르바가 있어 코끝이 뜨거워지는 자유의 섬"이 된 것이다.

카잔차키스가 평생토록 자유라는 두 글자를 품은 이유는 태생적이 아닐까. 그는 그리스인이기에 앞서 크레타 사람으로 불리길 좋아했다고 한다. 그가 태어날 당시 크레타섬은 터키의 지배에 놓였으므로, 험악한 전쟁의 분위기가 자유를 갈망하게 했을 것이다. 터키 혁명군에게 교수형을 당한 조부의 죽음을 두고 "누가 죽였나요?"라는 그의 질문에 그의 아버지 역시 "자. 유."라는 답변을 하지 않았는가.

그러한 자유는 도피가 아니라 새로운 영토로 진입하는 것, 용기와 희망을 갖게 하는 일, 진정한 나를 찾아가는 길이라고 믿는다. 삶의 아픈 상처를 치유해주는 것이 바로 자유라는 것을 알기에.

카잔차키스에게 인간미가 느껴지는 건 작고, 하찮고, 보잘것없고 소외된 것들에게도 관심을 가지는 부분이다. 씨앗 하나, 꽃 핀 나무, 냉수 한 컵…… 발길에 차이는 돌멩이 하나까지도. 그는 호주 하늘의 별이 된 나링거 신처럼 마주치는 사물마다 생명을 불어넣고 말을 건넨다. 그러한 자연인의 말이니 어찌 모두 진중하지 않겠는가. 생전에 그가 마련해 둔 묘비명이 그의 무덤에 새겨졌다.

"나는 아무것도 원치 않는다.
나는 아무것도 두려워하지 않는다.
나는 자유이므로."

그가 부르짖은 '자유'는 내게 있어 '치유'였다. 아픈 생을 이겨내게 했으니까. 그리하여 절망마저 그리움으로 녹여준 단어니까. 내가 더 큰 세상을 향할 수 있도록 꿈의 씨앗을 여물게 했으므로. 비로소 깨닫는다. 자유란 모든 것을 잃고서야 찾을 수 있다는 것을.

지금도 나는 크레타섬으로 향하는 끈을 당기고 있다.

삶에 지칠 때는 시장으로

≪삼오식당≫
이명랑 | 은행나무 | 2013

삶

에 지칠 때 시장으로 가라는 말이 있다. 그곳에서 퍼덕이는 물오른 생선과 상인들의 힘찬 목소리에서 우리는 활력을 얻는다. 뿌리째 탄탄한 푸성귀를 고르고 뜨끈한 장터국밥 한 그릇 먹으면 시들했던 삶에도 생기가 돋게 된다.

그러한 민중들의 삶은, 소설 ≪삼오식당≫을 통해 재확인된다. 치열한 언어 구사와 풍부한 이야기성으로 주목받는 작가 이명랑의 이 소설은 식당집 둘째딸이었던 작가의 체험이 녹아 있는 작품으로 사랑과 욕망의 서사를 유쾌하게 펼쳐내었다. 영등포시장은 그녀가 나고 자란, 그리고 한때 과일장수로 지냈던, 또한 어머니의 가게가 존재하는 곳이며, 자신도 농협공판장 경매사와 결혼했으니 작가에게 있어서도 문학적 상상력의 태胎가 되는 곳이다.

이곳에는 과일장사, 밥장사, 야채장사, 양말장사, 생선장사, 커피장사 등 온갖 장사꾼들의 솔직하고 생기발랄한 목소리가 등장한다. 사람과 사람들 사이에서의 스스럼없는 접촉은 일상생활을 지배하고 있던 위계질서를 무너뜨리고 거리감을 없앤다. 현실에서 장벽을 이루는 사회적 지위, 학식, 빈부의 차이 등을 허물고 집단적 행위, 친숙한 몸짓, 질펀한 언어의 광장을 만들어낸다. 그 소란스러운 풍경이란 바로 산다는 것의 그 이상도 이하도 아닌 삶의 솔직하고 리얼한 모습이라 할 수 있다.

등장인물들은 전형적이다. 제각각 불운한 경험과 좌절당한 사연들을 안고 살아가는 한결같이 비루한 존재들이다. 새벽잠을 깨워 노동으로 하루를 여는 영등포시장 사람들. 그들은 고고하지 않은 '살아있는' 인물들이다. 중풍으로 십 년 가까이 자리보전하고 있던 남편을 두고 악착같이 밥장사를 하여 세 딸을 키워낸 삼오식당 여주인에서부터 사위의 매타작에 딸의 몸보신용으로 우연히 개발한 '정력한방차'로 인생 대역전 드라마의 주인공이 된 커피 아줌마 차씨, 노름빚으로 달아난 무능력한 남편을 둔 과일가게 O번 아줌마, 일수꾼 특유의 곤조를 자랑하는 로타리 할머니, 술집 여자의 마지막 순애보를 처절하게 대변하는 노랑머리, 동네의 '걸어 다니는 생중계 소문 전파 라디오' 고물장수 박씨 할머니, 반 평도 안 되는 평상 위에서 아들딸 공부시키고 살림 밑천 마련한 봉투 아줌마, 번쩍거리는 눈동자를 굴려 가며 목숨을 걸다시피

동네 공중화장실을 지키는 똥할매 등이다. 삼오식당 여주인의 둘째딸이기도 한 화자 역시 시장 바닥에서 소설을 쓰고, 술에 절어 사는 '토박이 시장놈'과 결혼했다.

시장통에 있는 공중화장실 안에 낡은 소파를 들여놓고 볼일 보러 오는 사람들에게 동전을 뜯어 먹고 사는 똥할매와의 신경전은 웃음을 잃어버린 도심 한복판에 새로운 해학의 풍속을 보여준다.

> 오줌 한 번 싸는데 오백 원이라니! 하루에 두 번만 싸면 천 원이다. 들어갔을 때 똥도 싸고 오줌도 누고 나오면 그래도 그나마 위안을 삼는 다고 치자. 똥 싸러 들어갔다가 똥은 못 싸고 겨우 오줌 한 번 찍 갈기고 나온 날은 얼마나 부아가 치밀어 오르는지 모른다. (205쪽)

똥할매는 화장실에 들어가는 사람이 있으면 쫓아 들어가 기어코 몇백 원씩 뜯어낸다. 만약 주지 않고 들어갔을 경우 화장실 바깥에서 문을 걸어 잠그는 일도 마다치 않는다. 생활전선에서 알몸뚱이로 버텨내는 시장통 사람들의 생생한 모습이다. 러시아 인문학자 미하일 바흐친은 이질성이 충돌하고 갈등을 빚어내는 대표적 장소로 시장을 규정하였다. 그는 시장이야말로 죽음과 탄생, 위와 아래, 공포와 웃음 등 서로 모순적인 것이 동일한 시공간에 존재하는 카니발의 광장임을 상기시킨다.

카니발적인 세계에서는 땀 흘리기, 코 풀기, 재채기하기, 한숨

쉬기 등의 간접적인 배설행위를 포함한 대변이나 소변과 같은 직접적인 배설행위가 근심을 없애는 정신적인 배설행위로 표현된다. 뿐만 아니라 등장인물들의 포악한 태도, 외설적인 말과 전복의 몸짓 등이 카니발적 '세속화Profanation'와 일치한다. 권위적이고 경직되고 진지한 모든 것들이 웃음과 패러디로 파괴되고 조롱당한다. 부자가 거지가 되고 왕이 노예가 될 수 있으며, 현실과 꿈이 뒤바뀔 수 있게 된다. 즉, 뒤집혀진 세상과 연결될 수 있는 이중적인 모티프를 공유하는 것이다.

삼오식당 둘째딸인 화자의 눈을 통해 펼쳐지는 영등포시장은 소위 서민의 삶이란 무엇인지 알려준다. 사회적 특권이나 경제적 부를 누리지 못하는 일반 사람이 어떨 때 분개하고 무엇을 위해 살아가는지 겁 없이 펼쳐낸다. 오늘날 백화점에서 큰 소리로 떠들지 말고 우아하게 눈요기를 해야 하는 '독백주의'와는 달리 난장에서는 민중들의 고함이 들려온다. 물질적 풍요도 나타나지 않는다. 그러나 욕설, 외설, 상소리 등 온갖 비속어와 상인 특유의 은어들이 출몰하는 하위 언술 장르인 '시장의 언어'가 등장한다.

그들은 명품의 이름이 아니라 물건들의 이름을 목청껏 불러댄다. 바흐친은 욕설, 상소리, 은어, 외설 등의 시장의 인어가 오히려 자유로운 언어라 일컬었다. 공식 언어로부터 해방된 비공식적 속성은 민중들의 삶터인 시장에서 다양한 목소리를 냄으로써 웃음을 유발시킨다. 이러한 웃음은 비판적이며 위엄을 박탈하고 조롱하고 모독하는 은밀한 행위이다. 겉치레 중심인 정중하고 엄숙한 고급언어에 반대하면서 친숙성과 솔직성을 나타낸다.

장터 사람들이 내뱉는 언어는 거친 육담과 욕설투성이다. 욕설은 문화인의 교양이나 예의를 벗어던진, 자신의 욕망이나 감정을 직접적으로 노출시키는 언어이기에 심각한 없이 생동감이 넘치게 된다. 그러므로 독자는 다성성을 지닌 서술자의 말에 공감하면서 새롭게 대상을 바라보게 되는 것이다.

이명랑이 노골적인 언어를 구사하고 알몸의 육박을 표출하여 격하함으로써 오히려 시장은 삶의 활기가 넘치는 곳이며, 수태와 새로운 탄생을 의미하고 풍요롭게 성장할 수 있는 대치 관계를 그려내었다. 격하는 하강의 곡선이 아니라 재생의 의미를 지니게 되었다. 언어를 낯설게함으로써 다른 시각을 창출해낸다. 그러므로 독자는 시장 사람들의 밑바닥 삶에서 건져 올린 진리에 귀 기울이게 된다.

시장 사람들의 삶은 질곡의 연속이다. 너나없이 가난하고 불우하지만 그 어떤 분노도, 미움도, 사랑도, 희망과 절망도 극단화하지 않고 삶의 흐름 속에 녹여버린 채 언제나 현재일 뿐인 삶을 살아간다. 삶을 둘러싼 무성한 소문과 진실, 가난과 불우의 기원과 행로를 좇아가다 보면 별 볼 일 없는 인생들의 불운한 과거와 사연 많은 눈물과 악다구니가 한바탕 소란처럼 펼쳐진다.

작가 이명랑이 풀어낸 날것의 언어 구사를 통해, 일상의 기발한 웃음과 즐거움을 만날 수 있고 독특한 감동과 희망의 카타르시스를 느끼게 된다. 이들의 웅성거림에서 삶의 활기와 인간 사회의 역동성을 찾고자 하는 독자라면 거침없이 ≪삼오식당≫ 속으로 성큼 걸어 들어갈 일이다.

글이 안 써지는 백 가지 이유

≪말하다≫
김영하 | 문학동네 | 2015

이번 원고도 미루다가 초읽기 마감에 쫓기게 되었고 아이디어는 고갈이 났고 글감을 적어둔 수첩은 찾지 못했고 날은 습하고 일찍 당도한 가을벌레 소리는 가슴을 찌르고 노트북으로 쓰려니 눈도 침침하고 작은 화면은 답답하고 데스크북으로 옮겨 보니 의자와 눈높이가 맞지 아니하고 글 욕심을 부리니까 진도가 멈추고 명문을 꿈꾸니 더욱 머릿속은 하얘지고 며칠간 한밤중 층간소음에 시달린 탓인지 컨디션은 최악이고 뇌도 지각하는지 경로를 이탈하였다는 신호만 계속 보내오고 유명 작가들은 마감일 하루 이틀 전이나 당일에 벼락치기로 쓴 글이 대박 나기도 하던데 절실하면 문장이 풀린다던 선배들의 말도 틀렸고 어쩌다 벼락치기 공부가 높은 성적이 나왔던 옛 기억도 불쑥 고개를 치켜들고 무음으로 켜둔 카톡의 읽지 않은 숫자는 늘어나고 원고 마감일 여유가 하루 더 남았다는 사실에 이상하게도 스릴은 넘치고 고민만 쌓인 채 아직도 글줄은 멀리 나가지 못하고.

예열이 제대로 되지 않은 것 같아 둘러보니 책상도 엉망이고 주문한 커피 원두가 도착하지 않아 입은 심심하고 어제 먹다 남은 치킨 조각을 씹다가 뼈에 입술은 찔리고 사흘 전 맞은 코로나 백신의 통증은 가시지 않았고 밖에 길고양이는 울어대고 위층에서 틀어놓은 뽕짝 음악 소리도 귀에 거슬리고 이기대 둘레길을 걷자는 문우의 전화에 원고 마무리하면 소식 전하기로 했고 무엇보다 당장 해야 할 일이 눈앞에 널브러졌고 오늘 꼭 부쳐야 하는 등기 우편도 있고 주문해놓은 명함도 찾으러 가야하고 가을 학기 강의계획서도 제출해야 하며 다음 달 월례회 일정도 의논해야 하는데 주말에 신을 운동화 씻는 일도 깜빡했고 베란다에서는 세탁 완료되었다는 낭랑한 기계음이 들려오고 방금 도착한 봉암사 성허스님이 보내온 택배 상자 속 아이스 반시도 냉동실에 넣어야 하고 묵언수행 중이라는 스님께 문자 답도 드려야 하고 그러나 계속하여 내 글은 되지 않고.

하필 텔레비전에서는 좋아하는 예능 프로그램의 시그널이 울려 퍼지고 거실의 제습기 소리는 너무 크고 요즘 신예작가들은 글쓰기 좋은 자기만의 루틴을 만들던데 가령 아침 여섯 시에 기상하여 플랭크나 조깅을 하고 샤워를 한 뒤 아침을 먹고 커피를 타서

서재에 앉아 혹은 근처 카페에 가서 점심때까지 글을 쓴다고 하던데 나는 평소 규칙적인 생활을 하지 못해 글이 안 되는 건지 얼마 전 버킷리스트에 동그라미를 수십 번 쳤던 요트 서핑 기회를 잡은 후 뱃멀미 토악질에 갈무리해둔 글감마저 게워낸 건 아닌지 이번 주까지 상영되는 인도 영화제는 더없는 기회인데 해운대 100층 전망대와 99층 레스토랑 식사 유혹에도 마음이 흔들리고 사람의 천성은 게으르고 관성적이라고 하는 말을 어디선가 들었는데 딱 나를 겨냥한 것 같기도 하고 도대체 글은 안 되고 자꾸 조바심만 늘고.

　점심때는 되었고 감자를 삶을까 옥수수를 찔까 얼린 육수 동동 띄워 시원한 집 냉면 한 그릇 말아먹을까 고민 중에 앙드레 지드가 자두를 보고 감동할 줄 아는 사람은 글을 잘 쓸 수 있다고 하여 냉장고 자두부터 덥석 세 개째 먹고 있어도 감성 있는 글귀는 나오지 않고 그러니 지드는 나를 속여도 크게 속였고 문득 셰익스피어와 어니스트 헤밍웨이 그리고 버지니아 울프와 톨스토이 또 가와바타 야스나리와 무라카미 하루키 아울러 백석 박완서 김훈 심지어 청련거사 이백마저도 글이 안 써지던 날들이 있었는지 궁금하고 김영하 작가의 ≪보다-말하다-읽다≫ 시리즈의 완결판을 다시 펼치다가 그의 빼어난 필치에 매혹되고 하루에 열여덟 시간씩 글쓰기를 하느라 타이핑을 두드린 손등에 알이 배였다는 어느 작가도 부럽고 정녕 영감이 올 때까지 기다려야 하는지 쓰다 보면 영감이 오는 건지도 궁금하고 인간은 의식이 집중하는 곳으로 에너지가 흐른다는데 그러면 이제 곧 제대로 쓸 수 있을 것 같기도 하고.

　아아 펑크 낼 상황이 되면 신문사에서는 담당 기자 얼굴이라도 넣어야 한다는 웃지 못할 우스개가 있지만 수필잡지에 펑크 내면 최근에 찍은 내 증명사진만 덩그러니 실리는 해프닝은 없을 테고 장마철답게 갑자기 소낙비가 창문을 때리고 천지가 깜깜해지는데 동트기 직전이 가장 어두운 것을 생각하면 지금 내 절망도 그런 까닭인지 그렇다면 글을 써야 하는 단 한 가지 이유를 찾아내어 남아 있는 수십 가지 핑곗거리를 모두 제압해야 하고.

거미집

≪거미집으로 가는 오솔길≫
이탈로 칼비노 | 민음사 | 2014

집은 머지않아 철거될 예정이다. 재건축 공사가 진행되어 감정평가 날짜가 통보되었다. 거주하지 않는 빈집이라 일자에 맞춰 현관문을 열어놓겠다고 했다. 수리도 하지 않았고 세입자도 들이지 않은 채 세간살이만 진즉 덜어내고 그대로 방치하였다. 다시 들어가고 싶지 않은 집, 다시는 갈 일이 없을 거라고 생각한 지 오래였다.

열쇠를 돌리는 손이 자꾸 무춤거려졌다. 녹슨 손잡이가 삐걱대더니 육중한 철문이 철커덩 열린다. 이곳에 올 때는 문만 열어놓고 돌아가리라 마음먹었지만 좀체 발길이 떨어지지 않는다. 이미 걸음은 어둑한 현관으로 들어서는데, 얼굴을 확 덮치는 거미줄에 오싹하니 소름부터 돋는다. 시큼하게 풍겨오는 곰팡내 사이로 매캐한 먼지가 푹석 날린다.

눈을 감고서도 알 수 있는 동선이다. 방과 방을 건너 거실과 베란다를 터서 주방을 넓혔었다. 아파트 끝동이었으니 뒷산과 인접해서 늦가을이면 무당벌레가 지천이었고, 봄이면 먼 산에 가지 않아도 진달래 붉은 몽우리가 터지고 산벚나무 꽃잎이 눈발처럼 내려왔다. 그 풍경이 아직도 남아 있을까. 닫힌 창문을 흔들어보았으나 걸고리마저 삭아 젖혀지지 않으니 뒷문을 여는 것은 포기하기로 한다. 개수대 옆에 낡은 가스레인지가 덩그러니 놓여 있다. 저 위에서 압력밥솥이 김을 뿜었고 매콤한 된장국이 끓었으며 새댁의 서툰 계란찜이 넘쳐흘렀다. 이제는 불판의 다리쇠 위에도 반들한 냄비 대신 얼기설기 거미줄이 돋았다.

책방 문이 반쯤 열려 있다. 거창하게 서재라는 이름으로 부른 적 없었으나 천장까지 닿는 책장을 벽면에 둘러놓았고 나는 오랫동안 이 방 모퉁이에 앉아 있었다. 한쪽에 ≪거미집으로 가는 오솔길≫이란 책이 있었지. '우린 모두 비밀스러운 상처를 하나씩 가지고 있고 그 상처에서 벗어나기 위해 싸운다.'라는 문장에 밑줄 그었던…. 때로는 책을 읽지도 말을 하지도 않고 눈을 감지도 울지도 않은 채, 종일 가만히 있었다. 그러다 신열로 앓아누웠던 자리. 아이가 나를 잡고 발버둥 치며 울던 소리가 꿈결같이 들리는 곳. 옛일은 언제나 잘 생각나지 않는다. 나는 억지로 기억들을 모두 지워버린 것일까. 기대었던 벽지에 먹물 같은 얼룩이 흠뻑 고여 있다. 마치 내 생에서 덧칠하고 싶은 한 장면처럼.

안방. 그와 함께 지낸 시간은 어디서 어디까지인가. 저곳에 둥근 벽시계가 걸렸었고 이쪽엔 사진 액자가, 그 아래에는 내가 천으로 만든 공 의자가 있었지. 지름을 재고 재단을 하고 파이핑을 박고 지퍼를 달고 동글동글한 스티로폼을 속에 넣어 꼼꼼히 꿰매었다. 앉으면 몸을 깊숙이 묻을 수 있는 보드라운 촉감이 좋았는데, 우리의 관계도 그렇게 말랑말랑해지길 소원했었는데…. 잠시 앉고 싶었다. 그러나 등을 댈 나무의자 하나 없이 옛 물건들은 가뭇없게 사라져 버렸다.

올려다본 천장에도 온통 거미줄투성이다. 소용돌이 상태로 늘어진 가로줄 그물과 커다란 접시를 엎어놓은 듯한 동심원 모양과 이리저리 불규칙하게 얽어 놓은 엉성한 덫도 보인다. 거처 하나 마련하는 일은 사람이나 거미나 쉬운 일이 아닐 테니까. 다행히 전등 주위에는 제법 튼튼한 깔때기 그물이 쳐져 있다. 그동안 허공을 가르며 종횡무진 고생한 흔적이 역력하다. 자세히 보니 거미는 집집이 자신만의 섬세한 무늬를 그려놓았다. 호수의 물결, 손바닥 지문, 나뭇잎의 와선, 논바닥 엉그름까지. 주인이 허술하게 버려둔 집이니 저라도 단단히 고쳐 살고자 작정했을까. 이렇게 팽팽하고도 탄력 있는 집을 지은 주인공은 어디에 숨었는지 기척이 없다. 하기야 침략자는 불시에 들이닥치는 법.

앞 베란다의 커다란 창으로 낯익은 볕살이 든다. 레이스 커튼을 뚫고 들어온 낮볕이 하얀 와이셔츠의 물기를 말려주었고 풀 먹인

이불 홑청을 쬐었으며 물꽂이를 해 둔 봄 미나리 싹을 틔워 올렸다. 어느 해였던가. 그가 이 집으로 되돌아왔다는 소식을 풍문으로 들었을 때는 지나다가 잠깐 멈추었다. 그때도 밖에서만 올려다본 집은 고요했고 빨랫줄에 옷가지 몇 개만 햇살을 되쏘고 있었다. 그 후, 그의 부음 때도 방안에는 들어갈 엄두가 나지 않았다. 그러고 보니 사람이 없다고 집도 마냥 비어 있지 않았다. 햇볕과 그늘이 때맞춰 지나갔고 방충망 사이로 나방과 콩벌레도 드나들었으며 집거미가 알을 품고 또 집을 짓고 살았었다.

다시 천장을 올려다본다. 아까는 보이지 않던 호랑거미가 그물망 중간에 거꾸로 다리를 뻗고 화석같이 멈추어 있다. 부동과 침묵으로 위장한 채 먹이가 걸려들기를 기다리고 있을까. 위태로이 공중에 걸린 집을 지키려 필사적으로 저항하는 몸짓일까. 거미에게는 저 줄이 생존이며 목숨이니까. 목숨을 걸어야만 지켜낼 수 있는 것이 집이라는 걸 온몸으로 보여준다.

이제 곧 이 집도 허물어질 것이다. 내가 주인이 아니라 마지막 손님이 될 터이고, 그가 각혈했던 방도 흔적 없이 사라질 것이며, 한때의 젊은 날들도 콘크리트 속에 파묻혀버리겠지. 그때쯤이면 오래 서성였던 가슴 속의 빈방도 온전히 헐어버릴 수 있을까.

거미가 꿈틀 몸을 떤 것은 순식간이었다. 날벌레 한 마리 포박 중이다. 포승줄에 친친 감긴 몸뚱이 하나, 쉬이 걸음을 뗄 수 없다.